熬通宵也要读完的

大元史

著

台海出版社

图书在版编目（CIP）数据

熬通宵也要读完的大元史 / 覃仕勇著. —北京：台海出版社，2020.1（2020.8重印）

ISBN 978-7-5168-2486-3

Ⅰ.①熬… Ⅱ.①覃… Ⅲ.①中国历史—元代—通俗读物 Ⅳ.①K247.09

中国版本图书馆CIP数据核字（2019）第251144号

熬通宵也要读完的大元史

著　　者：覃仕勇

责任编辑：俞滟荣　　装帧设计：仙　境

版式设计：马宇飞　　责任印制：蔡　旭

出版发行：台海出版社

地　址：北京市东城区景山东街20号　邮政编码：100009

电　话：010-64041652（发行，邮购）

传　真：010-84045799（总编室）

网　址：www.taimeng.org.cn/thcbs/default.htm

E-mail：thcbs@126.com

经　销：全国各地新华书店

印　刷：旭辉印务（天津）有限公司

本书如有破损、缺页、装订错误，请与本社联系调换

开　本：710mm × 1000mm　1/16

字　数：183千字　　印　张：13

版　次：2020年1月第1版　　印　次：2020年8月第2次印刷

书　号：ISBN 978-7-5168-2486-3

定　价：48.00元

前 言

首先，我们要分清楚蒙古帝国史和元代史的关系。

蒙古帝国史，是从成吉思汗的开基创业始，到清朝征服蒙古为止。

元代史，只限于元朝统治中国时期，即自元世祖忽必烈定都燕京算起，至元顺帝出关之日为止。从中国朝统来说，则更应该从宋亡之日，始由元朝继统。即在元世祖之前的前四朝，系以蒙古为中心，以漠北的和林为国都，并不能算入元代史范畴内。

那么，同是少数民族建立的大一统政治，为什么人们谈论清史的热度远高于元史呢？

大致有四个原因：

一、元朝统治中原的时间只有九十七年，而清朝长达二百七十五年，自然，统治时间越长，留下的烙印越明显，从这一点来说，人们对清朝印象深刻，而对元朝的印象要淡薄得多。

二、元朝历史是六七百年以前的事儿，相对比较遥远，认识上比较陌生；清朝是中国最后一个封建王朝，离我们最近，比较熟悉。

三、元朝纯以武力入主中原，也纯以武力统治中原，来去如风，文化、风俗、典章、制度等保留本民族特点，未完成民族融合；清朝采用汉族先进文化，政治、经济、文化制度全盘向中原文化靠拢。

四、《元史》编著简陋。上面提过，元朝历史是六七百年以前的事儿，今天的人要了解它，只能通过阅读史书。但朱元璋出于政治上的需要，即位的当年，便宣布元朝于这一年灭亡，并在这一年下诏编修《元史》，目的是以此来说明元朝的灭亡和明朝的兴起都出于“天命”，而他自己则是“奉天承运”的真命天子。结果，纂修组仅用了一百八十八天的时间，便完成了洋洋洒洒共一百五十九卷，实际上不过是对从元大都缴获的元十三朝实录和元代修的典章制度史《经世大典》进行简单的复制加粘贴，则其简陋可想而知。钱大昕曾强烈吐槽说：“古今史成之速，未有如《元史》者，而文之陋劣，亦无如《元史》者！”虽说照抄史料，因此保存了大量原始资料，史料价值高，但对于普通读者来说，往往佶屈聱牙，索然无味，只能束之高阁，敬而远之。另外，纂修人都是汉人，对元朝蒙古族的制度并不熟悉，很多东西一知半解，写起来乱七八糟，就算读者下定决心去读，到头来仍是如在云雾里，不得其解。相对来说，《清史稿》材料丰赡，且《清史稿》之外，关于记述清朝历史的各种资料史书浩如烟海，要了解清朝，渠道很多，而且，洪秀全、孙中山喊出的口号，近代革命志士仁人的反清反帝斗争，西方外来侵略的殖民，义和团运动的血泪，贝加尔湖之南及西南约十万平方公里国土的丧失，琉球群岛的割裂……清朝的话题，是十天十夜也讲不完的。

最后补一句，以元朝为背景来讲述故事的文学作品，我也只看过一本陈端生写的《再生缘》而已。

但是，元朝真是没什么故事可聊了吗？

本书会给大家提供许多发生在元朝的好看、好玩的故事。

目 录

第一章　一代天骄成吉思汗

 成吉思汗下过杀掉高过车轴男子的命令吗？

成吉思汗第四子拖雷之子旭烈兀所建的伊利汗国是蒙古帝国四大汗国之一，这伊利汗国的宰相拉施特编撰有一部名为《史集》的世界通史著作。

按照《史集》对“蒙古”一词的解释，其意思原是“孱弱、淳朴”。

再对比一下蒙古部落的诞生和发展，可说是“名如其人”——蒙古原为东胡系鲜卑同族室韦诸部中的一个小部落，唐代游弋入今额尔古纳河下游南峻岭丛林中，在一个叫蒙兀室韦的地方生活。这可不就是僻居于深山老林里“孱弱、淳朴”的弱小原始部落？

从五代历经辽、宋、金等时期，蒙古分别以韈劫子、梅古悉、谟葛

失、毛割石、毛揭室、萌古子、蒙国斯、蒙古斯、蒙古里、盲骨子、朦骨等名称出现在我国古书中，到了元代，才统一译作蒙古。

蒙古的强大，主要得益于成吉思汗的崛起。

“成吉思汗”一词的意义，史学界有多种解释，这里，还是按拉施特《史集》里的解释来理解吧——成吉思汗，即为最坚强、最强大的汗，也就是最高君主或王中之王。

成吉思汗的父亲名叫也速该，是一个小部落的酋长，性格很横，很霸道。

当然，在弱肉强食的原始社会里，强横是生存和发展的硬道理，应该赞美。

也速该强横到什么地步呢?

凡是他看中了的东西，就会豁出命去抢，不达目的不罢休。

这不，某天，他在斡难河畔放鹰捕猎，看见一个男子驾着一辆简陋的马车经过，马车上坐着一个美丽的姑娘。

看到这个姑娘，也速该就无心捕猎了，脑海里只剩下一个念头：我必须占有这个姑娘!

驾马车的男子名叫赤列都，是篾儿乞惕部人，马车上的姑娘是他从斡勒忽讷兀惕部刚刚迎娶的新婚妻子诃额伦。

赤列都觉察到了也速该眼里闪烁着的贪婪之光，情知不好，一面恶狠狠地回瞪对方，一面扬鞭加速驱车。

也速该被赤列都恶狼一般的目光瞪得内心发毛，生怕自己一个人摆不平，就扭头回家找帮手了。

也速该找来的帮手是他的哥哥和弟弟，三个人拿了弓箭，凶神恶煞地去追赶那对夫妻。

赤列都双拳难敌六手，只好丢弃妻子跑了。

这样，也速该哥仨高高兴兴地把马车以及马车上的诃额伦弄回了家。

当天，也速该就和诃额伦拜了天地，入了洞房。

诃额伦的喉咙哭哑，也没有半点法子，只好乖乖地从了也速该。

诃额伦从了也速该后，一共生了四个儿子、一个女儿。

重点是第一个儿子。

这个儿子，就是后来的最高君主或王中之王——成吉思汗！

据说，成吉思汗生下来的时候，左手里握着一个凝结的血块，非常邪门。

恰巧，成吉思汗出生的头天，也速该和塔塔儿部干架，赢了！

真是双喜临门！

也速该乐得嘴巴都快要咧到耳根了。

他想给新生儿起个名字，奈何脑筋不好使，憋了半天，就从俘虏中随便揪了个长得比较帅的人问："说！你叫啥名字？"

这个被俘的倒霉蛋老老实实交代："铁木真。"

得，新生儿的名字就叫铁木真了。

当时，谁也没有想到，"铁木真"这个名字后来会威震宇内，名垂千古。

铁木真九岁那年，他的父亲也速该带他到亲戚翁吉剌惕部人德薛禅家求婚，给铁木真礼聘了德薛禅的女儿蒲儿帖。

蒲儿帖比铁木真大一岁，十岁，长得温秀可喜。

双方家长一拍即合，九岁的铁木真和十岁的蒲儿帖当晚就在蒲儿帖家里入了洞房。

也速该哈哈大笑，把带来的马匹当作财礼，自己趁着月色，策马回家了。

也速该平日作恶太多，也不善于检讨、收敛，途经扯客彻儿山附近的失剌草原，遇上一群塔塔儿人在宴会，他忘了自己曾经抢掠过塔塔儿人的财物，竟然上去讨酒喝。

塔塔儿人中有人认出了也速该，不动声色，在给他的酒里放了毒药。

就这样，喝了毒酒的也速该回到家后，毒发身死。

临死前，也速该把妻子儿女托给亲信蒙力克照顾。

在崇尚强横的原始社会，弱小不是用来同情的，而是用来欺负的。

也速该既死，他的儿子又都幼小，难免被人欺侮。

部族中人迅速抛弃了诃额伦母子，全都去归附另一个部族泰亦赤兀惕人。

诃额伦孤苦无依，只得别居僻处，靠采拾野果、野菜来抚养孩子。

补充一下，像也速该这样的人，生前绝不可能只有一个女人。除了诃额伦外，他还有其他女人，其中一个女人生了两个儿子，也去世了。两个儿子分别叫别克惕、别勒古台，跟诃额伦和铁木真在一起生活。

铁木真的强横不在其父之下，一家人受人欺负，那是他年纪还小。但他在家里强横起来，分分钟可以要人命。

这不，因为一点点小事，异母兄弟别克惕和铁木真起了争执，铁木真一口火气没有压下，次日，就叫上比自己小两岁的亲弟弟合撒儿，趁别克惕坐在山冈上牧马时，一前一后包抄，把别克惕送上了西天。

诃额伦知道后，又骂又闹，却也于事无补。

部族中人听说了铁木真小小年纪就有这样的“壮举”，无不刮目相看，便又开始接纳他们一家。

铁木真长大后，果然是条好汉，和其他部落干仗，从不退缩。

有一次，和泰亦赤兀惕人厮杀，铁木真冲得太前，被人家活捉了。

部族中的人都以为铁木真这回必死无疑了。

哪知，半夜时分，铁木真竟然挣脱绑缚，杀死看守，逃了回来。

部族中的人无不惊呼，奉之为神。

铁木真父亲也速该的老朋友王罕在部族中很有地位，高高兴兴地认铁木真为义子。

铁木真的部族与篾儿乞惕人是世仇，别忘了，当年铁木真的父亲也速该就曾抢了人家部落里赤列都的新娘诃额伦。

君子报仇，十年未晚。

赤列都带着族人来报当年诃额伦被夺之仇，他们在半夜时实施袭击，捉到了铁木真那个年轻美貌的妻子蒲儿帖，心满意足而还。

成了人家俘虏的蒲儿帖当然没有好果子吃，被安排给了赤列都的兄弟赤勒格儿做妻子。

深受奇耻大辱的铁木真去向义父王罕求救。

王罕点齐了兵，又约了另一个义子札木合，和铁木真三路会师去攻打篾儿乞惕人。

仗打了很久，等把篾儿乞惕部打垮，救出蒲儿帖的时候，蒲儿帖已经怀了赤列都的孩子。

铁木真不管，救出了妻子，非常高兴。

在回来的路上，蒲儿帖生了个儿子。

虽然这个儿子是篾儿乞惕人的种，但铁木真毫不介意，把孩子视如己出，给他取名为术赤。

不得不说，铁木真的胸襟真的是广大，非常人可及。

胸襟广大的铁木真海纳百川，势力越来越大，打败了无数敌人，做了蒙古许多部族的共同领袖，被尊奉为成吉思汗。

成吉思汗的妻子蒲儿帖后来又给他生了三个儿子和几个女儿。

这三个儿子分别是：次子察合台，三子窝阔台，幼子拖雷。

成吉思汗把害死他父亲也速该的塔塔儿部打垮后，和部属商议该怎样处置塔塔儿部的俘虏。

大家为了让成吉思汗充分感受到报仇带来的快意，建议说："以前，塔塔儿人杀害了我们的祖先和父辈，我们要为祖先和父辈报仇雪恨，把比车轴高的人全部杀光！剩下的，分给各家做奴婢。"

大家兴高采烈地瓜分着塔塔儿的妇女儿童，成吉思汗率先占有了塔塔儿部美丽的姑娘依速甘和也遂两姐妹。

前面说了，成吉思汗的父亲也速该在临死之时，曾将妻子儿女托给蒙力克照料。

这个蒙力克在诃额伦一家孤苦无依的时候提供了很多帮助，娶了诃额伦为妻，成了成吉思汗的后父。

蒙力克之前有七个儿子，因为他是成吉思汗后父的缘故，这七个儿子都得到了成吉思汗的重封重赏。

蒙力克的七个儿子中，有一个名叫阔阔出的，是个巫师，善于装神作怪，吹嘘说自己常常骑马到天上做客，深得蒙古各部族长膜拜。

人撒谎撒得多了，往往最后会连自己都骗。

阔阔出就敢骗自己，骗得自己真以为自己是个活神仙，越来越胡作非为。

某次，也不知他哪根神经搭错了线，竟然联合了自己的六个兄弟，把成吉思汗的弟弟合撒儿狠狠地揍了一顿。

他还向成吉思汗搬弄是非，说道："上天有指示：这一次让铁木真执掌大权，下一次就让合撒儿执掌大权。"

成吉思汗于是疏远了弟弟合撒儿。

因为这事，成吉思汗的母亲诃额伦郁郁寡欢，不久就病死了。

最后，是成吉思汗的幼弟斡赤斤不服，找人干掉了阔阔出。

成吉思汗在诸子争当汗位继承人时，突然大笑，说的话让人耸然动容

话说，花剌子模是一个拥有中亚、西亚广大疆土的庞大帝国。

成吉思汗于公元1218年春派了一个由四百五十人组成的商队前往花剌子模，商队在到达该国边境城市讹答剌（今哈萨克斯坦南哈萨克斯坦州希姆肯特西北帖木儿）时，被诬指为间谍，除一人逃脱，其余四百四十九人都被逮捕处死。

成吉思汗派三名使臣指责该国国王马合谋，要求交出凶手。

马合谋断然拒绝，并下令杀死为首的使臣，将其余两个使臣侮辱性地剃去胡须逐回。

成吉思汗遂于公元1219年准备西征花剌子模国。

临行前，妃子也遂对他说："大汗越高山、渡大河，长途远征，只想平定诸国。但有生之物皆无常，一旦您大树般的身体突然倾倒，您的江山和百姓，交给谁掌管？您所生的杰出四子中，您将大业托付给谁？这事要让诸子、诸弟、众多下民、后妃们知道。谨奏告所思及之言，请大汗降旨。"

成吉思汗一拍脑袋，哎呀叫了一声，召集众人，说道："也遂虽是妃子，但她说的话很对。弟弟们、儿子们，博尔术和木合黎，你们谁也没有提出过这样的话。而我因为不是继承祖先的汗位，竟也没有想到。我还没有遭遇到死亡，竟然忘了老死这个事。儿子们之中，术赤你是长子，你怎么说？你说吧。"

术赤还没开口，次子察合台大声道："父汗让术赤说话，莫不是要传位给他？我们怎能让这篾儿乞惕野种管治？"

察合台的话其实是不错的，术赤本来就是篾儿乞惕的种，但察合台当着这么多人的面说出来，就很伤人了。

受伤的术赤跳起来，揪住察合台的衣襟，怒道："我从未听到父汗有什么对我另眼相看的话，你怎么能把我当作外人？你有什么本领胜过我？你只不过脾气暴躁而已。我同你比赛远射，如果我败于你，我就割断拇指扔掉！我同你比赛摔跤，如果我败于你，我就倒在地上永远不起来！儿臣愿听父汗圣裁。"

两兄弟互相拽着衣襟，都不放手。

大臣博尔术抢上去拉住了术赤的手，另一个大臣木华黎拉住察合台的手。

成吉思汗一言不发，默不作声。

站在东厢的大臣阔阔搠思于是苦口婆心出言相劝，他说："察合台，你为什么说这样的话？你父汗在他的儿子之中，指望着你啊！你们出生

之前，各部各族的人都打得昏天黑地，连睡觉的时间也没有，大家日夜只是打仗。你母亲又不是有意生篾儿乞惕人的种的，而是不幸的遭遇所造成的；察合台啊察合台，你怎么可以胡言乱语，使你贤明的母后寒心？你们都是从她腹中所生下的孩子，你们是一母同胞兄弟。你不可以责怪爱你的母亲，使她伤心；你不可以抱怨你的生身之母，指责她所悔恨的事。当你父汗创建这个国家时，你母亲与他同历艰辛。他们同生死，共命运。他们以衣袖为枕，衣襟为巾，涎水为饮。你母亲紧裹固姑冠，严束其衣带，忍饥挨饿地养育你们。从你们不会走路时开始，把你们养育长大，使你们成为男子汉，希望你们上进。贤后之心，如日之明，如海之宽。"

成吉思汗点头说："是不能这样说术赤。术赤当然是我的长子，以后不可以说这种话！"

察合台听了父亲的话，只好点头同意说："术赤的气力、本领，就不用说了。父汗的长子，是术赤和我两人。我们愿一起为父汗效力，谁如果躲避，大家一起把他劈开，谁如果落后，大家一起砍断他的脚后跟。"

顿了顿，察合台又说："三弟窝阔台仁慈敦厚，我们大家都推举他吧。可让他在父汗身边，接受继位者的教育。"

成吉思汗于是扭头问术赤："你怎么说？"

术赤也明白自己没有希望继承大位了，便道："察合台已经说了。我和察合台二人，愿一起效力，我们都推举窝阔台。"

成吉思汗突然大笑，说道："你们何必一起效力？世界广大，江河众多。可以分封给你们地域广阔之国，让你们各自去镇守。术赤、察合台二人要履行诺言，不可让百姓耻笑。"

此话一出，在座的人莫不耸然动容，对成吉思汗的雄心和大志膺服不已。

术赤和察合台赶紧躬身答允。

成吉思汗于是转问窝阔台："你怎么说？你说吧。"

窝阔台道："父汗降恩让我说话，我能说什么呢？我能说自己不行吗？今后我尽自己的能力去做吧！"

不过，窝阔台又补充说："但是如果今后我的子孙中出了即便裹上草牛也不理、裹上油脂狗也不吃的不肖子孙，出了麋鹿敢在他面前穿越，老鼠敢跟在后面走的无能子孙，那又怎么办？我就说这些了，别的也没什么可说的了。"

成吉思汗不自然地笑了笑，再问四子拖雷道："你有什么话说？"

拖雷向来和窝阔台关系很好，就朗声说道："我愿在父汗指定继位的兄长身边，把他忘记的事告诉他，在他睡着时叫醒他。做应声的伴从者，做策马的长鞭。应声不落后，前进不落伍。我愿为他长途远征，愿为他短兵搏战。"

成吉思汗拍掌叫好，降旨说："朕的子孙就让一个人继承掌管。大家如果不违背朕的旨意，不毁掉朕的旨意，你们就不会有过错，不会有过失。"

想了想，又补充说："窝阔台的子孙中如果出了即便裹上草牛也不理、即便裹上油脂狗也不吃的不肖子孙，那么其他人的子孙呢？难道朕的子孙中连一个好的也不会有吗？"

窝阔台遂被定为继承人。

成吉思汗病死于公元1227年七月十二日，享年六十六岁。

该年，他征服了西夏，去世的地方在秦州清水县（今属甘肃）西江驻地大帐中。

成吉思汗打下的江山非常广阔，一分为四，分给了四个儿子。

长子术赤的封地，在今天的碱海、顿河、伏尔加河一带，称为钦察汗国。

术赤死时四十九岁，其有十四个儿子。长子鄂尔达自知才能不及次子拔都，将继承父位的权利让给了弟弟拔都。

次子察合台的封地在今新疆、阿富汗、乌孜别克斯坦共和国一带，

称为察合台汗国。

三子窝阔台的领地在今亚细亚巴尔喀什湖附近，称窝阔台汗国。由于他是蒙古的共主，统治蒙古本部和中国北部，所以窝阔台汗国的地域相对比较小。

四子拖雷最得成吉思汗钟爱，执掌了成吉思汗大部分精兵猛将，兵力最强，势力最大。

成吉思汗虽有遗命要窝阔台继承，但蒙古有开会共同推举继承人的习俗，该会叫库里尔台。

为了让窝阔台的继承名正言顺，众王公、驸马、大将根据传统习惯在怯绿连河曲雕阿兰之地举行了库里尔台大会。

拖雷兵势最盛，诸王百官一度推举拖雷，搞得窝阔台不敢接任大位。

所幸，拖雷主张遵守父命，窝阔台终于得以顺利继位。

公元1231年，窝阔台出征金国，势如破竹。但过了居庸关，窝阔台病倒于龙虎台，身不能动，口不能言。

巫师装神弄鬼说："金国的土地神、水神，因为他们的百姓、人口被掳，各城被毁，所以急遽为祟。必须由亲族中一个人做替身，作祟才会放慢。"

拖雷就说："神圣的父汗成吉思汗像选骟马、择羯羊般地在诸兄弟之中选中了兄长你，把他的大位指给了你，让你担当了统治百姓的重任。让我在兄长身边，把你忘记的事提说，在你睡着时唤醒。如今如果失去了我的兄长你，我向谁去提说忘记的事，谁睡着了要我去唤醒呢？如果兄长你真有个不测，众多蒙古百姓将成为遗孤，金国人必将快意，让我来代替我的兄长吧。我曾劈开鳟鱼的脊，横断鲟鱼的背。我面貌美好，身材高大。巫师你来诅咒吧！"

于是，巫师就把下了诅咒的水让拖雷喝了。

估计拖雷喝的水里不止下了诅咒，还下了毒，反正，喝下后不久，他就死了。

不过，说来也怪，拖雷死后不久，窝阔台的病就慢慢转好了。

窝阔台无比感激，一时冲动，就说了些不着边际的话，说自己将来死了，大位就传给拖雷的长子蒙哥。

公元1241年，窝阔台病死。

皇后和诸王大臣召开库里尔台大会。

由于在公元1235年的“长子远征”中，成吉思汗长子术赤的继承人拔都是长子中的长子（其实是次子），担任统帅，察合台部长子莫图根（已死）的长子不里、窝阔台部的长子贵由严重不服，原因还是拔都的父亲术赤是“篾儿乞惕的种”，三人一度闹得很僵，所以拔都没来参加这次会议。

大会最后立了窝阔台的长子贵由接位。

贵由做了大汗，想要统兵去征讨拔都出口气，好在被大臣劝阻住了。

实际上，在“长子远征”之后，拔都还参与了西征。

在这次西征中，拔都所统率的术赤部打得最远，一直打到亚德里亚海的威尼斯国边界，离维也纳也就只有三十里。因为窝阔台逝世，这才下令班师。

拔都回到俄罗斯，拒不来参加库里尔台大会，他精心打理自己的钦察汗国，兵强马壮，幅员万里，如果贵由真发兵来攻，估计讨不到半点便宜。

欧洲人尊称拔都的钦察汗国为金帐汗国，而把拔都划分给其兄鄂尔达管理的东方锡尔河一带称为白帐汗国，把拔都的弟弟昔班管辖的领地称为青帐汗国。

贵由是个酒鬼，身体不好，接位后第三年春天就死了。

于是，王公大将又举行库里尔台大会推举大汗。

这次，在成吉思汗诸多孙子中，拔都实力最强，而且，这次库里尔台大会又是在拔都的地盘上举行，众王公大将都推举拔都。

但拔都有自知之明，他考虑过自己的血统，知道一旦自己继位，必会招致察合台部、窝阔台部和拖雷部的围攻，权衡再三，觉得还是守住自己的钦察汗国就好，于是主张由拖雷的长子蒙哥接位。

在“长子远征”中，察合台部的不里、窝阔台部的贵由都反对拔都任统帅，但拖雷部的长子蒙哥却一直给予拔都有力的支持，所以，拔都投桃报李，坚决支持蒙哥继位。

最终，库里尔台大会就推举蒙哥继位。

贵由的皇后海迷失要赖，想把汗位传给自己的儿子，派人去对拔都说：“大会议应该在蒙古本部举行，在你的地盘举行，算什么事？不行，这次会议的推举不能作准。”

拔都同意第二年在蒙古本部再开大会。

到了第二年，拔都派自己的弟弟统领大军护送蒙哥到蒙古本部开会。

由于术赤和拖雷两个部的兵力相联合，远强于窝阔台部和察合台部的力量。最终，大会的推举结果还是由蒙哥来当大汗。

蒙哥做了九年大汗，公元1259年，在四川东钓鱼山下暴死。

蒙哥的胞弟忽必烈接任大汗，灭了南宋，统一全中国，是为元朝的开国皇帝元世祖。

成吉思汗和铁木真是画等号的吗?

一般情况，可以认为“铁木真”就是“成吉思汗”，二者可以画等号。

但严格来说，又不是那么回事。

因为，“铁木真”是人名，全称是孛儿只斤·铁木真，他是蒙古族乞颜部人，蒙古第一代可汗，世界史上杰出的政治家、军事家。

而“成吉思汗”中的“汗”，是蒙古人对于他们最高统治者的尊称，“成吉思”是汗位的修饰语。

那么，这个“成吉思”是什么意思呢？

目前可靠的解释有四种，并且都各有道理，莫衷一是。

按照拉施特《史集·部族志》的解释，蒙语中“成”是“坚强”的意思；“成吉思”是其复数，意为“最坚强、最强大的汗”，也就是最高君主或王中之王。《通史简编》也认为“成”是“刚强”，“吉思”是“多数”。因此“成吉思汗”是坚强的大汗的意思。

然而，在蒙古语里，“成吉思”其实是一个不可再分的词，意思是“天赐”。“成吉思汗”即是上天赐予蒙古人的大汗。

《蒙古源流》和《蒙古世系谱》两书却又认为：泰和元年，铁木真已二十八岁，即位前三天，每天清晨都有一只五色鸟儿鸣叫，声声如“成吉思”“成吉思”，似是一种吉祥的征兆。察合台语《成吉思汗传略》中也有“一只鸟飞来，叫着‘成吉思、成吉思……’”的记载。另外，欧阳玄所撰《进金史表》有云：“念彼（金）泰和以来之事迹，涉我圣代（指蒙元）初兴之岁年。（元）太祖受帝号于丙寅（1206 年），先五载而朱风应。”意思是铁木真称帝于公元 1206 年，“先五载”为公元 1201 年鸡年、金泰和元年，这一年铁木真联合王汗战胜了札木合为首的十二部联盟军，出现了“朱风应”的祥瑞，与五色鸟啼“成吉思”的传说相似。

所以，“成吉思汗”的名字便由此而来——“成吉思”其实没什么意思，就是鸟鸣拟声词。

但有人根据南宋人赵珙《蒙鞑备录》中“成吉思汗者，乃译语‘天赐’二字也”的说法，认为“成吉思汗”即“天皇帝”之意。

当然，又有人想当然地说，成吉思汗是蒙古的开国君主，“成吉思”应该是“大海”或者“强大”的意思，“成吉思汗”意思就是颂扬他是一个如同大海一样伟大且强大的帝王。法国学者伯希就持此说，他说，“成吉思（ingiz）”为突厥—畏兀儿语 tengiz 的鄂音化的读法，意为海，与蒙古语 dalai（海）意义相同。故“成吉思汗”意为“大海汗”。

不管怎么样，“成吉思汗”既然是一个汗位的尊称，那么，除了铁木真之外，应该还会有人用过这个尊称。

事实如此。

被称为蒙古最后一代可汗的林丹汗就被尊为成吉思汗。

林丹汗本名孛儿只斤·林丹巴图尔，是元顺帝嫡系后裔、达延汗的七世孙，蒙古帝国第三十五任大汗，他的称号是“神中之神全智成吉思隆盛汗”和“林丹呼图克图圣武成吉思大明薛禅战无不胜无比伟大恰克剌瓦尔迪太宗上天之天宇宙之玉皇转金轮法王”。

可见，林丹汗的汗名里也含有“成吉思”之语，为了方便表达，他也和铁木真一样被尊称为成吉思汗——当然，更多的人喜欢用第二个称号里的前两个字“林丹”来称呼他，是为林丹汗。

铁木真时期，蒙古以十二万铁骑干掉了拥有一百万精锐之师的前大金国。

林丹汗时期，他手里有四十万蒙古铁骑，而后大金国的皇太极手里只有十万军队，显然，林丹汗觉得自己完全可以复制当年蒙古灭金的好戏。

事实上，林丹汗在发动统一蒙古战争的时候，也真比其祖上铁木真还顺利，其对蒙古各部每战必胜，并且轻而易举就击败了连明朝都头疼的强大的土默特部。

可是，他偏偏走错了一步棋——在蒙古人已经普遍信奉黄教（格鲁派）的情况下，他却改信宗红教（萨迦派），搞得四处受敌，从而和后金作战屡战屡败，最终魂丧青海大草滩，终年四十三岁。

不用说，蒙古第一代可汗和蒙古最后一代可汗虽然都称成吉思汗，但能力相差却有天地之别。

 一代枭雄成吉思汗到底是不是中国人？

判定一个人是否属于中国人，现在挺简单的，看他身份证上的国籍。

话说回来，要判定一个古人是否属于中国人，问题就有些复杂了。

一个很现实的问题摆在眼前：从信史时代记起，四千多年历史中，从黄帝到最后的大清王朝，中国林林总总一共出现过像样的或不像样的八十三个王朝，这些王朝中从没有一个是用“中国”作为国号的。

如果我们把一个王朝称为一个“国”，那么，就出现过八十三个国。

对这八十三个国，也没有任何一种外文资料称之为“中国”，就连我们近代最熟悉的甲午“中日战争”，在正式官文书上写的是甲午“清日战争”。

当然，毋庸置疑，这八十三个国，又都属于“中国”！

由此可见，古代历史上的“中国”，有时候是固态的，有时候又是动态的，是在不断变化着的；有时候是国家意义上的，有时候又是疆域意义上的——即使单纯指疆域，这疆域也是在不断变化的。

那么，怎么界定一个人是否中国人呢？

史家的观点是不囿于这个人的民族、血统、信仰、出生地、活动地和埋葬地，而着重于这个人是否参与到中国历史的发展中，对中国历史的发展有无影响，等等。

举一个简单的例子。

唐代诗人李白，他的出生地碎叶城在如今的吉尔吉斯斯坦，确切地说是今天的阿克·贝希姆遗址（碎叶城），难道能因为这个，说李白是吉尔吉斯斯坦人而不是中国人？

所以，像匈奴、鲜卑、羯、羌、氐、高句丽、丁零族所建立的成汉、前赵、后赵、前凉、前燕、前秦、后燕，以及蒙人和满人建立的大元、大清，必须毫无疑问，统统列入中国历史中。

而在这段历史中所涌现出的人物，如刘渊、慕容垂、石勒、苻坚、忽必烈、皇太极等，自然是无可争议的中国人。

再推而广之，匈奴冒顿、鲜卑檀石槐、突厥阿史那燕都、回纥骨力裴罗等草原部族首领，也当然是中国人了。

那么，我们有什么理由说成吉思汗不是中国人呢？

实际上，成吉思汗还只是部落首领的时候，就接受过金国赠封的招讨使之职。当时的金国，可是占据着中原，一直以华夏正统自居，属中国一部分的喔。

所以，成吉思汗本质上就是中国人。

再有，大元王朝已经成了中国古代历史不可分割的王朝组成部分，而成吉思汗又已经被尊为“元太祖”，则其中国人的身份不就明摆着了吗？

即无论是法理上还是传统上，成吉思汗都是属于中国人。

名将郭子仪后裔，饮马地中海，攻城七百座，却威名难显

郭子仪是从武科场上走出来的军事家、政治家，一生历经武则天、唐中宗、唐睿宗、唐玄宗、唐肃宗、唐代宗、唐德宗七朝，其充当了唐玄宗、唐肃宗、唐代宗、唐德宗四朝的保护神、擎天柱，史称“再造王室，勋高一代”。

最难得的是，郭子仪的一生，不但“富贵寿考”四字俱全，死后在唐、宋、明、清等朝都得配享历代帝王庙，真个是：生前福厚，身后尊荣。

而经郭子仪提拔的部下幕府，有六十多人位居将相，其八子七婿，皆贵显于当代。

典故“满床笏”说的就是郭子仪晚年做寿时，家中子弟个个都是朝廷里的高官，带来的笏板堆满了床头。

但是，世事浮沉，三十年河东，三十年河西。

郭氏一门在有唐一代风光无比，家族中英雄人物辈出。到了五代，郭氏声望渐低，后唐名将郭崇韬虽非郭子仪之后，征蜀路过郭子仪墓，仍不顾时人讥为攀龙附凤，跪拜哭祭。

靖康之难以后，随着金兵的入主中原及蒙古军队南下，许多中原望族纷纷南迁，这也包括了以华阴郭子仪为始祖的汾阳（今山西静乐一带）望族。

汾阳郭姓后裔郭嵩入闽后成为福建郭姓始祖，但也有一部分留居在北方。

这里要说的是郭子仪在华州郑县（故治今陕西省华县）后裔的一支分支。

这个分支生活在金国的统治下，成了金国人。

金朝末年，这个分支出了一位猛人，名叫郭宝玉。

郭宝玉通权谋，精兵法，善骑射，深得金朝统治者的赏识，被封为汾阳郡公兼猛安（金初期女真族军队组织名称），领兵驻扎于定州（今河北省定县）。

公元 1211 年，蒙古汗国太师木华黎率军南下。

郭宝玉审时度势，认为金国已经在走下坡路，蒙古却是冉冉升起的新星，前途不可限量，于是率部投降了蒙古军。

木华黎知其有将才，引见于成吉思汗。

面对成吉思汗，郭宝玉侃侃而谈，提出了先取西南，联宋灭金，再攻取辽东，绝金后路，从而席卷天下的策略。

成吉思汗接纳了他的意见，授其抄马都镇抚之职，安排其跟随木华黎领兵南下，取永清，破高州（故治今内蒙古自治区赤峰市东北）降龙山（在今大凌河上游），攻占今辽西地区。

这一系列军事行动顺风顺水。

紧接着，蒙军又从锦州入山海关，经过燕南，攻占了太原、临汾一带。

……

可以说，郭宝玉的策略为蒙古人攻灭中原做了历史性的贡献。

后来，郭宝玉还随成吉思汗西征，打击西辽残余力量，攻占花剌子

模国。

公元 1224 年，蒙古平定了花剌子模全境（东至印度河，西南至底格里斯河下游），郭宝玉因功升任为断事官（蒙古汗国管理政务的官职），却在东还途中病卒于贺兰山军营。

郭宝玉长子名叫郭德海，也是个将才，曾打败宋将彭义斌，可惜在对金作战中重伤战死。

郭德海的儿子郭侃更加生猛，自幼学习武艺与兵法，深为丞相史天泽所器重。

郭侃二十岁即被封为百户，随大军伐金，屡立战功。

不过，郭侃的精彩人生主要表现在西征过程中。

公元 1253 年，郭侃跟随旭烈兀西征。

这次西征的第一站是木乃兮（也译作木剌夷）。

郭侃表现神勇，“破其兵五万，下一百二十八城，斩其将忽都答而兀朱算滩”，紧接着，围攻乞都卜，迫降敌军。

西亚名城巴格达当时是黑衣大食的都城，“侃兵至，又破其兵七万，屠西城，破其东城，东城殿宇，皆构以沉檀木，举火焚之，香闻百里”。

郭侃率军进入天方（现沙特境内）后，更把攻城拔寨的把戏演绎得淋漓尽致，其连破一百八十五座城池，天方人惊惧之余，跪称郭侃为“东天将军，神人也”。

郭侃率军渡海，在地中海地区攻下了十字军骑士团占据的塞浦路斯等地，长驱直入小亚细亚半岛，“得城一百二十”。

西征大军所向披靡，正在考虑是北上进入欧洲，还是南下进入埃及之时，在东方战场上狂攻南宋合州（今重庆市合川区）钓鱼城的蒙哥汗暴毙。

由此，郭侃返回中原地区，在忽必烈手下为将。

南宋灭亡后，郭侃知宁海州，在寂然无声中病故。

按理说，郭侃曾饮马地中海，大破十字军，威名传遍印度、沙特阿拉伯、伊朗、叙利亚、埃及等地，共攻下城池七百多座，被称为“西域的神人”，不管怎么说，都是一个足以彪炳史册的大角色。但是，他的名声远不及远祖郭子仪的百分之一，个中原因，不言而喻。

此人是辽国帝胄、金国官宦、蒙古重臣，一个建议免去中原灭顶之灾

熟悉历史的人都知道，成吉思汗的蒙古帝国兴起之时，鞭挞天下，所向无敌。

而在入据中原之前，蒙古高层曾有把中原改为牧场之议。

此议若成，对中原广大人民来说，无疑是一个灭顶之灾。

但是，因一个人的建议，此议终究落空。

这个人是一个极富传奇色彩的人物——他是辽国帝胄、金国官宦、蒙古重臣，名叫耶律楚材。

耶律楚材的九世祖为辽太祖耶律阿保机、七世祖为辽世宗耶律阮之弟娄国。

娄国在辽世宗之世担任南京（今北京）留守、政事令的官职。

此后耶律家族在南京绵延不绝，至耶律楚材祖父耶律德元之世，辽为金所灭。

耶律德元对气节之类的东西并不看重，转仕金朝，按例将姓氏改为移剌。

移剌德元从族弟聿鲁处收养了一子，是为移剌履。

移剌履共有三子，长子辨才、次子善才、三子楚才。

楚才出生之时，移剌履已经六十岁，老来得子，乐坏了，笑嘻嘻地说：“此吾家千里驹也，他日必成伟器，且当为异国用。”后来，又取《左传·襄公二十六年》“楚虽有材，晋实用之”的典故，将楚才改为“楚材”，字晋卿。

这里补一句，移剌履曾为尚书右丞，官至宰执。作为金国大臣，他却断言三子移剌楚材“他日必成伟器，且当为异国用”，这可是大逆不道之言，如果被金国当政者闻知，当吃不了兜着走。所以，这样的语录，很可能是史家杜撰，以显移剌履有先见之明而已，不可轻信。

移剌楚材成年后，先是担任省掾（尚书省令史），后出任开州（今河南省濮阳县）同知。

公元 1213 年，蒙古大军攻陷开州，移剌楚材失官，逃回中都（今北京）。

哪料，中都发生政变，金帝完颜允济被杀，宣宗完颜珣即位。次年，宣宗下诏南迁汴梁（今河南省开封市），并在中都设燕京行尚书省，以太子完颜守忠留守中都，完颜承晖为行省右丞相兼都元帅，移剌楚材被任命为左右司员外郎。

但是蒙古帝国正值兴起，天下莫能撄其锋。

不久，蒙古军包围中都，太子完颜守忠南逃，行省右丞相兼都元帅自杀，中都陷落。

移剌楚材再次失官，遁入空门，法号湛然居士从源。

成吉思汗是个爱才之人，听说了湛然居士从源的大名，派人向他询问治国大计。

移剌楚材侃侃而谈，一再强烈表达出自己“致主泽民”的愿望，遂被成吉思汗收为辅臣。

移剌楚材因此恢复旧姓“耶律”，是为耶律楚材。

公元 1219 年，耶律楚材随成吉思汗西征，常晓以征伐、治国、安民之道，屡立奇功，备受器重。

西征归来，成吉思汗向耶律楚材询问伐金之计。

要知道，金国是灭辽的凶手，蒙古伐金很是得契丹人的拥护和支持。当时，如移剌涅儿、石抹也先等人，无不把成吉思汗起兵伐金看作为辽国复仇的大好时机，纷纷与蒙古人合作。

成吉思汗满以为，自己把灭金的想法告知耶律楚材，一定会得到耶律楚材百分之百的赞成。

哪料，耶律楚材淡淡地说："臣祖父三代都已经归顺金朝，为金朝的臣子，哪能复怀二心，雠恨君父？"

成吉思汗也真是的，他也不想想，耶律楚材一家自其祖父耶律德元之世始，三世在金国为官，久享荣华富贵，只有眼前恩、再无往日怨，哪里还会痛感于辽为金所灭的往昔？

而因为成吉思汗最不能容忍的是部下背叛自己，听了耶律楚材的话，敬重有加。

格鲁塞《草原帝国》一书中称："一位契丹族王子耶律楚材，他以'身长八尺，美髯宏声'博得成吉思汗的喜爱"，被成吉思汗称为"吾图撒合里"，即长髯人之意。

公元1227年，成吉思汗去世，继承汗位的是成吉思汗的三子窝阔台，称合罕皇帝（元太宗）。

耶律楚材更得窝阔台的喜爱，逐步走上了政治仕途的巅峰。

耶律楚材反对把中原改为牧场，免除中原广大人民灭顶之灾的事件便发生在这一时期。

《元史·耶律楚材传》详细记载了此事。

元太祖成吉思汗之世，因为频频西征，无暇经理中原，手下官吏无不聚财敛物自私，个个家财堆积如山，而官府却没有积蓄。

到了元太宗窝阔台朝，近臣别迭和一帮官员建议说："汉人无补于国，可悉空其人以为牧地。"

耶律楚材大惊，劝阻说："陛下将来就要南伐金国了，军需必须有所准备、有所储存，可以制定中原地税、商税，再谋取盐、酒、铁冶、山泽中的利润，每年就可以坐收银五十万两、帛八万匹、粟四十余万石，怎么说'汉人无补于国'呢？"

窝阔台闻言心动，说："卿试为朕行之。"

耶律楚材于是仿照金朝旧制，于公元1230年设立十路征收课税所，任命一些儒士建立了税收征收机构。

公元1231年秋，窝阔台驾临云中，看见十路征收上来的金帛陈于庭院中，不由得抚须长笑，拍着耶律楚材的肩膀说：“汝不去朕左右，而能使国用充足，南国之臣，复有如卿者乎？”

耶律楚材一脸谦逊地说：“在彼者皆贤于臣，臣不才，故留燕，为陛下用。”

窝阔台嘉其谦，赐之酒。即日设中书省，以耶律楚材为中书令，事无巨细，都先交给他处理。

耶律楚材志得意满，自称“中书相公”。

他曾挥毫作诗，诗中称：“定远奇功正今日，车书混一华夷通。”

他还在写给高丽使臣的诗中留下“壮年吟啸巢由月，晚节吹嘘尧舜风”这样的句子，真是顾盼自雄，一派建功济世、舍我其谁的气概。

的确，耶律楚材在元太宗窝阔台朝所施行的一系列举措，都成为后来忽必烈建立元朝的重要基础。

野狐岭决战，四十万金军为何不敌十万蒙古军？

蒙古与金朝的野狐岭之战是决定双方命运的生死战，并且直接影响了此后中国历史的走势与格局。

为了打这场战争，蒙古足足准备了五年时间，并多次进攻西夏，剪除掉金国的小弟西夏。

金国女真人以能征善战著称，世间有“女真人满万，天下无敌”的说法。

原先的女真人散居在东北山林之中，受尽契丹人的欺压。

女真大英雄完颜阿骨打联结起数千女真人，只用了几年时间就平辽灭宋，建立了金国，威势赫赫。

经过一百多年的发展，女真人口已经发展到近五千万。

金国长期推行残酷的民族压迫政策，与蒙古人结下了血海深仇。

当时金国与蒙古的力量并不对等，人口比蒙古多四十余倍；军队也在百万以上，比蒙古多出十倍。

有人说："金国如海，蒙古如一掬细沙。"

金熙宗曾把蒙古一个名叫俺巴孩汗的部落首领以反叛罪钉在"木驴"上处死。

金世宗不仅要蒙古纳贡，还每隔三年遣兵向北剿杀，谓之"减丁"，志在削弱蒙古人的力量。

震烁千古的成吉思汗铁木真就是被钉在"木驴"上处死的蒙古部落首领俺巴孩汗的后人。

成吉思汗统一了蒙古，为报祖先之仇，深谋远虑，精心策划，于公元1211年亲率十万大军南下，揭开了蒙金战争的序幕。

蒙古大军来势凶猛，突破金国防线，连陷金国北部数十座城池。

金军统帅完颜承裕接连放弃了恒州（今内蒙古自治区锡林郭勒盟正蓝旗四郎城）、昌州（今沽源县九连城乡北三公里处）、抚州（今张北）三州，退至野狐岭一带，集结起四十五万大军，打算利用山地地形遏制蒙古军队的骑兵优势，与蒙古大军展开生死决战。

完颜承裕乃是金国宿将，曾经在陇西成纪六次大败南宋大将吴曦，并在赤谷大破宋军，轻取宋之成州。

蒙古大军南下，完颜承裕被封为参知政事，与平章政事独吉思忠一起在西北戍边防御，金军节节败退，朝廷唯独处置独吉思忠，让完颜承裕主持防御的军事部署。

完颜承裕在野狐岭部署四十五万大军迎战蒙古人，恒、昌、抚三州及周边的地主豪强摩拳擦掌，纷纷前来效命，自告奋勇，愿为和蒙古交战的前驱和眼耳。

也就是说，金国军民同心协力、众志成城，要在野狐岭痛击蒙古人，

一扬大金国国威。

可是，完颜承裕一听说当地豪强来了，赶紧向他们仔细询问此去宣德的路程。

众地方豪强顿时心凉了半截。

询问去宣德的路程，分明是在盘算着归程远近，在规划大战失败后跑路的路线。

有人当场哀叹说："这儿的山高水低、地势远近曲折，我们全部了如指掌，作为三军统帅不好好利用地理上的便利迎击对手，而一心规划逃跑路线，此战必败无疑。"

俗话说，两军相逢勇者胜。金国不但占有地利，而且人多势大，以四十五万迎战十万，完全可以以逸待劳，但主帅却无求胜之心，普通将士的惧意和败意就更浓了。

反观蒙古这边，成吉思汗侦知金军有四十五万人，却分地结阵、各自为战，便采取集中突破战术，命令木华黎率八鲁营自獾儿嘴通道发起突击。

战斗发起前，木华黎自信满满，向成吉思汗立誓："不破金军，不生返!"

蒙古军上下士气高昂。

此战，因为是山地战，蒙古军被迫放弃了骑射优势，舍马步战，但全军士气如虹，一往无前，一下子就杀散金军，直逼完颜承裕中军大营。

金军阵型过于分散，联络调度不利，人心涣散，全军溃逃，数十万主力就此瓦解。

金国精锐尽失，金国的中央机动兵力已不复存在，中原成了蒙古人来去自如的屠宰场。

曾经不可一世的金国也就在不久后灭亡于蒙古和南宋夹击。

成吉思汗识字吗？他接触过哪些语言文字？来看蒙古文字的创制过程

历史上蒙古国语曾采用以下四种文字：

一、利用汉字标音，由音读意，如《蒙古秘史》（《忙豁仑纽察脱必赤颜》）。

二、改良自回鹘文字，为传统的蒙古国文字。

三、元朝忽必烈时代，由当时的吐蕃国师八思巴所创立的八思巴字（与现代蒙语不同的公元13世纪时的蒙古语）。

四、蒙古国独立后采用的新斯拉夫字母文字，即“现代蒙语”。

用汉字来给蒙语标音，就像我们初学英语时，为了记熟单词的发音，不得不在单词旁边标上汉字一样，不能说是创制了一种新语言文字。

改良自回鹘文字，即传统的蒙古国文字，这是蒙古国所创制的第一种蒙古文字。

这种蒙古文字的创制过程是怎么样的呢？

公元1204年，成吉思汗征讨乃蛮——在公元9世纪中叶以前，唐代乃蛮部属于回纥汗国，当时乃蛮部落与回纥人毗邻游牧，是蒙古各部落当中与回纥人最近的蒙古部落之一。回纥西迁后，乃蛮部在漠北继承了回纥文化，他们用回纥文字记录自己的语言，称之为“回鹘文”。回鹘文是全音素文字，是在吸收了突厥文和粟特文的字母（两者都源于阿拉米字母）之后创制的，字母数目多达二十三个，有五个字母表示八个元音，十八个字母表示二十二个辅音。成吉思汗很快灭掉了乃蛮部，俘虏了乃蛮的国师塔塔统阿。

这个塔塔统阿虽然遭逮捕，却依然守着国家的印信。

成吉思汗大为欣赏，释之不杀，并收归己用，让他掌管蒙古国的文书印信，并命令他创造蒙古文字。

于是，塔塔统阿在回鹘文的基础上创制出了同样属拼音文字类型的蒙古文，共有二十九个字母，表示元音字母的有五个，表示辅音的有二十四个，拼写时以词为单位上下连书，行款从左向右，称“回鹘式蒙文”（“维吾尔式蒙文”“畏兀式蒙文”或“回纥式蒙文”）。

不过，成吉思汗的孙子元世祖忽必烈一生追求完美，他在公元1260年即位后，不甘于蒙古国语保留有大量回鹘语的痕迹，要求国师八思巴另外创作一种新制的蒙古字，以“译写一切文字”，即可以有一种通用字母来拼写包括蒙、汉、藏、梵、维吾尔等各民族的语言文字。

八思巴，又译作帕克思巴、八合思巴、拔思发等，意为“圣者”“神童”。其本名为罗追坚赞，只因自幼聪慧过人，通晓佛学，才被称为“八思巴”（即圣童）。

八思巴的聪慧达到了何种境界呢?

相传，他三岁时就能口诵莲花修法；七岁时就能诵读十万字的佛经；八岁就能背诵经文；九岁就在法会上登坛讲法。

接到忽必烈的谕旨，身为国师的八思巴便开启他那天才式的神奇思维，在西藏、印度文字的基础上，根据蒙古语言音词，创制出一种由梵、藏字母演化而成的四十二个字母。其中母音十个，子音三十二个，用以拼写蒙语，也拼写汉语的通用字母，并参照了回鹘式蒙文和汉字的书写及构字方式，改为方体，自上而下直写，自右向左行，称为蒙古新字，于至元六年（1269年）正式颁行，次年又改称蒙古国字。

至元八年，忽必烈颁布了规定：“今后不得将蒙古字道作新字。”即八思巴新制的蒙古字从此成为官方法定的文字。

不过，八思巴新制的蒙古字由于同时兼顾几个民族的语言，在表示音值和构制字体时都不免存在各种缺陷。采用汉字方体字形拼写蒙语，以一个方体字拼写一个音缀，致使语词割裂，不易识读，还比不上回鹘式蒙文以词为单位构字便于读写，所以，在元朝灭亡后，渐渐就不通用了。

无论如何，八思巴新制的蒙古字是制作汉语拼音字的第一次尝试，也是中国文字史上的一次创造性的尝试，其创新精神还是应该肯定的。

相比于八思巴新制的蒙古字，回鹘式蒙文沿用至今，并经过改革，最后发展成为今天通行的传统蒙文（胡都木蒙文）。

为防盗墓，成吉思汗上狠招，其墓至今安然无恙

中国古代封建王朝是一个家天下的历史。

基本上，每一个帝王，都把天下当成自己的私人财产，所谓“普天之下，莫非王土；率土之滨，莫非王臣”是也。

问题是，帝王在世之日，凭借着军队和强大的国家机器，可以坐拥天下一切，但是，身死之后呢？一切就不可预知了。

在强大占有欲支配下的帝王当然不会甘心白白放弃曾经的拥有，他们疯狂地建造规模宏大的陵墓，奢极豪华地网罗殉葬品。

那么，如何保护这陵墓和陵墓里的殉葬品、棺椁、尸骸，就成了头号大事。

为此，帝王们费尽苦心，想遍了种种办法。

有人在陵墓内部设置诸如弓弩之类的机关，有人在陵墓内部灌上水银，有人在墓碑上写咒语……

事实证明，世上无论什么东西，有人能够制造，就一定有人能够破坏。

而且，破坏比制造要容易得多。

怎么办？

曹操，世之大奸雄，一生以阴险、狡诈、奸猾著称。

他想了个招，连设七十二迷墓，真真假假，让盗墓者真假难辨，空劳其力。

曹操的想法虽然高明，但还不够绝。

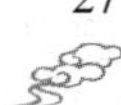

有人在曹操想法的基础上来了个更狠的——“万马踏平”。

被后世誉为“一代天骄”的成吉思汗，一生拉弓拔箭、戎马风云，率领数万蒙古军纵横驰骋于亚欧大陆，征服地域西达中亚、东欧的黑海海滨，全世界为之瞩目。

现在，内蒙古自治区西部的鄂尔多斯草原上，巍巍然屹立着成吉思汗的陵墓。

据说，成吉思汗率领军队西征西夏，路过此地，深为这里的秀丽景色所吸引，留恋之际，马鞭滑落掉在地上。随从要拾马鞭时，成吉思汗制止道：“花角金鹿栖息之所，戴胜鸟儿育雏之乡，衰落王朝振兴之地，白发老翁享乐之邦。”随后对左右说：“我死后可葬此地。”

成吉思汗在六盘山逝世后，属下准备将他的灵柩运回故地安葬，但灵车路过鄂尔多斯草原时，车轮突然深陷地里，人架马拉也纹丝不动。这时，大家想起了成吉思汗生前的话，于是，就地将成吉思汗安葬在了鄂尔多斯草原上，并留下五百户达尔扈特人守护。

从此，这里便被叫作伊金霍洛，意为主人的陵园。

成吉思汗的第三十四代嫡孙、中国最后一位蒙古王爷奇忠义先生曾自豪地对人们说，这里每年都要举办大祭仪式，蒙古族人视其为圣地。

但是，这里其实只是成吉思汗的衣冠冢！

不过，奇忠义老人说：“外人不知道，位于伊金霍洛旗的成吉思汗陵很重要，并不仅仅是先祖成吉思汗的衣冠冢。成吉思汗的灵棺中有很多秘密，但是不能说。”

奇忠义一脸神秘地说：“从蒙古人的习俗和过去信奉的萨满教讲，祭奠先人主要是祭灵魂，不是祭尸骨。按照蒙古民族的习惯，人将死时，他的最后一口气——灵魂将离开人体而依附到附近的驼毛上。根据史料记载，吸收成吉思汗先祖最后一口气——也就是灵魂的驼毛，几百年来就收藏于鄂尔多斯成吉思汗陵。”

关于成吉思汗的死因，《蒙古秘史》记载，出征西夏前一年，成吉思汗已有不适，又外出打猎，从马背上摔下受伤，发起高烧，因此取消了进攻西夏的计划。但西夏使臣却出言不逊，招致成吉思汗勃然大怒："他说如此大话，咱如何可回？虽死呵，也去问他。长生天知者！"于是强支病体出征。最终虽然灭亡了西夏，而成吉思汗也累死在军营里。

成吉思汗死前，为了不让盗墓者破坏自己灵魂的安宁，想了个釜底抽薪式的绝后计，即上文提到的"万马踏平"。

什么是"万马踏平"呢？

南宋人彭大雅在《黑鞑事略》中记："其墓无冢，以马践蹂，使如平地。若忒没真（成吉思）汗之墓，则插矢以为垣，阔逾三十里，逻骑以为卫。"即成吉思汗陵墓的埋葬地点不立标志、不公布、不记录在案，下葬后，土回填，然后万马踏平。为了防止外人发觉陵墓地址，在将陵墓踏平之后，其将士还要用帐篷将周围地区全部围起来，待到墓葬地面上的青草长出，与周围的青草无异，才将帐篷撤走。

《元史》也记："国制不起坟垄。葬毕，以万马蹂之使平，弥望平衍。"

明朝叶子奇在《草木子》中则记："……掘深沟一道埋葬，以万马蹂之使平。杀骆驼于其上，以千骑守之。来岁草既生，则移帐散去，弥望平衍，人莫知也。""杀骆驼于其上"的目的是，只要在墓葬地表杀死一头小骆驼，那么陪伴这头小骆驼前来的母骆驼就会十分悲痛地号叫，并且记住这个地点。来年来祭祀的时候，把这头母骆驼牵来，在杀死小骆驼的地点，母骆驼就会悲痛地流泪。这样，前来祭祀的人就能找到墓葬的确切地点。不过，这头母骆驼死后，后人就再也找不到陵墓的具体地址了。

一位蒙古学专家预言，成吉思汗的陵墓里可能埋藏着大量奇珍异宝，里面的工艺品甚至比秦始皇陵出土的兵马俑还要壮观。

成吉思汗的财富比秦始皇多得多，则他的陵墓里埋藏着他破灭二十多个王国得来的无价珍宝也未可知。

也就是这个原因，多少年来，极大地吸引着无数探险家、考古学家苦苦寻觅。

现在只有内蒙古鄂尔多斯草原建有一座成吉思汗的衣冠墓，那里只供奉着吸有成吉思汗最后一口气的白驼毛和他生前用的马鞍。

第二章　元世祖忽必烈

元朝是中国历史的一部分吗？来看忽必烈自己的文化认同

元朝的开创者是元世祖忽必烈，我们来看看忽必烈自己的文化认同，就可以给元朝以正确的历史定位。

忽必烈最迟在公元1242年接触到汉文化。

《佛祖历代通载》卷二一《海云传》载：该年，禅僧海云及其徒子聪——即刘秉忠觐见忽必烈。

忽必烈问海云："佛法中有安天下之法否？"

海云坦承自己学识浅薄，不足以解答，建议由大贤硕儒来讲解古今治乱事。

刘秉忠却趁机卖弄才学，“应对称旨”，“论天下事如指诸掌”。

《赵璧神道碑》又载：同年，忽必烈召儒者赵璧至漠北，为自己讲《大学衍义》以及《论语》《大学》《中庸》《孟子》诸书。

忽必烈对前代帝王事迹极其感兴趣，效仿唐太宗为秦王时广招四方文士之举，派赵璧等征召前金状元王鹗及众多中原儒者到漠北王府，以探求前代兴亡事，兼了解中原地区的政治、民情和人才等。

由《题诸公与智参议书启》可知，王鹗和中原儒者张德辉、姚枢、商挺、窦默、杨果等人给他讲解了三纲五常、分析了金朝灭亡原因，并“纂五经要语以进”。

忽必烈对中原历史和文化无比仰慕，常常追问：“方今有如周公者乎?”时时欲征求魏徵那样的人才为辅佐，有在中原立国之宏愿。

元好问在《遗山先生文集》中称赞说：“王府忠国抚民，一出圣学。”

翰林待制王思廉因此专门向忽必烈进读《资治通鉴》。

知晓了古今事，忽必烈命伯颜征宋时，专门谕以曹彬不杀取江南的史事；召见亡宋赵氏宗室赵孟頫，感慨万端地说：“（宋）太祖行事，多可取者，朕皆知之。”

《高丽史·郑可臣传》记载有一件忽必烈尊儒重儒的趣事。

至元二十七年高丽世子入朝，某日，忽必烈于便殿静卧，世子入见。忽必烈漫不经心地问之近日所读何书。世子毕恭毕敬地答，自己有儒师郑可臣在身边，可以随时请教，所读何书，均由儒师指定。忽必烈大喜，急切要见郑可臣。郑可臣随即入殿。忽必烈急起振衣整冠，肃责世子说：“尔虽世子，吾甥也；彼虽陪臣，儒者也，何可令我不冠以?”

由此可知，儒者在他心中的地位远高于高丽世子。

武备寺以唐兀人阔阔出善造弓，奏用为官，忽必烈拊掌笑道：“孔子言三纲五常；人能自治，而后能治人；能齐家，而后能治国。汝可以此言谕之，而后用之。”

可以说，不知不觉间，忽必烈诸多言谈举止都流露出了浓郁的儒家文化。

入中原后，忽必烈经常询问臣下："汉祖、唐宗孰与寡人?"

忽必烈行事喜欢以中原古史范例为依据——他授叶李为尚书省左丞，叶李一再谦让，其遂悦，说："商起伊尹，周举太公，岂循格耶!"

蒙古诸王昔里吉等人发动叛乱，忽必烈俨然以承袭中原帝王正统自居，称之为"北方人扰边"。

日本人来京朝见，忽必烈也以中原帝王的口吻教训说："尔国朝觐中国，其来尚矣。今朕欲尔国之来朝，非以逼汝也，但欲垂名于后耳。"

忽必烈建国号"大元"，也是"绍百王而纪统"，自觉将本朝汇入中华帝统的体系。他追尊成吉思汗庙号为太祖、立真金为皇太子，并颁诏编修《宋史》《辽史》《金史》……所行制度，都严格按照中原王朝的体例来进行。

一百年后，明太祖朱元璋驱逐走了蒙元，命人着手编修《元史》，也等于承认了元朝的正统性。

《明史》卷二《太祖本纪》中，还记载有朱元璋因不满臣子过度诋毁元朝而说的一句话，云："元主中国百年，朕与卿等父母，皆赖其生养，奈何为此浮薄之言?"

宋末元初大英雄，与文天祥齐名，忠义浩气光照千古

陆秀夫是南宋王朝最后一任左丞相，抗元名臣，与文天祥、张世杰并称为"宋末三杰"，精忠浩气长存千古。

早年的陆秀夫，只是一个文弱书生，志存高远，德行高洁，才情高迈。《宋史》里说他"才思清丽，一时文人少能及之。性沉静，不苟求人知，每僚吏至阁，宾主交欢，秀夫独敛焉无一语"。富有才华，却贞静

自处，性格沉静、内向，不喜欢与人说话。

陆秀夫参加了南宋理宗宝祐四年（1256 年）丙辰科进士科考试，为第二甲第二十七名。

该榜第一甲第一名为文天祥，第二甲第一名为谢枋得。

文天祥、谢枋得和陆秀夫在神州陆沉之际，为国事奔走操劳，宁死不降，壮烈就义，成了数百年来忠臣烈士的楷模。

宝祐四年（1256 年）丙辰科进士科考试被后人誉为“忠节榜”。

陆秀夫、文天祥、张世杰、谢枋得等人，都是明知事不可为而为，虽万千人吾往矣，力挽狂澜于既倒。

宋恭帝德祐元年（1275 年），蒙古人拔下襄阳坚城，以排山倒海之势南侵，直逼南宋首都临安（今浙江省杭州市）。

南宋小朝廷震响莫名，计无所出，五岁的小皇帝宋恭帝于德祐二年（1276 年）出降。

宋度宗的杨淑妃则在摄行军中事的江万载父子所带殿前禁军的护卫下，带着自己的儿子益王赵昰、广王赵昺侥幸脱逃。

孤儿寡母在婺州（现浙江省金华市）得与陆秀夫相遇，在陆秀夫的主持下，刚满七岁的赵昰在福州登基做皇帝，是为宋端宗，改元“景炎”，仍由老臣江万载秘密摄行军中事，统筹全局，封弟弟赵昺为卫王，张世杰为大将，陆秀夫为签书枢密院事，文天祥为少保、信国公。

元人听说宋人又另立一帝，不由大为光火，兵锋向南，一意要斩草除根。

宋端宗景炎二年（1277 年），福州沦陷，南宋小朝廷流亡海上，又应了那一句话：屋漏偏遭连夜雨，船破又遇打头风。在逃往雷州的途中，遇上台风，帝舟倾覆，宋军实际统帅江万载被风浪卷下大海，端宗也因此得惊悸病死。

群臣心灰意懒，都有散伙各寻生路之意。

陆秀夫慨然说：“度宗皇帝一子尚在，将焉置之？古人有以一旅一成中兴者，今百官有司皆具，士卒数万，天若未欲绝宋，此岂不可为国邪？”

陆秀夫在危急存亡之际，带领众大臣拥立卫王赵昺为帝，改元祥兴，其本人受命任左丞相，与太傅张世杰共撑危局。

元朝汉将张洪范对陆秀夫恨得咬牙切齿，上书忽必烈，称南宋一帝既死，陆秀夫又立一帝，必须迅速剿灭，免为大患。

忽必烈于是任张洪范为元帅，分水陆两路进兵。

张洪范来势凶猛，先在陆上生擒势单力薄的文天祥，然后以扇形展开进攻，封死广州沿海所有陆路，水师进逼崖山。

实际上，南宋自从被金帝国压制在淮河以南一线后，一直积弱不振，却凭借着坚毅的意志苦苦抵抗了新兴的蒙古帝国近半个世纪之久。

崖山一战，是一场完全不对等的战争，也是两个民族之间的绝世之战。双方共投入兵力五十余万，动用战船两千六百多艘。

蒙古帝国所向无敌，对这场战争，乃是稳操胜券、志在必得。

南宋小朝廷浮国海上，无可再退，所能倚仗的，是陆秀夫、张世杰等一大批忠臣烈士，为捍卫汉家江山的尊严做最后一战。

战鼓敲响，炮声日隆。

南宋的最后一批忠直孤臣在历史留给他们最后的舞台上泣血演出，纷纷蹈行忠义誓言，给历史交出了气壮河山的答案。

张世杰在大势已去之际，派遣亲兵驾小船，冲开血路，前去迎接赵昺和陆秀夫。

而元军也已杀到了宋舟师中心。

陆秀夫对张世杰派来接驾的小船难辨真伪，担心是元军派来的奸细，斥退来人，挥剑驱妻子赴海，然后迎着滔天巨浪，放声长哭。

哭罢，转身替赵昺整理好衣服，郑重行了叩拜大礼，镇定从容地说：“陛下，国事至此，不可再辱！”

年仅七岁的小皇帝坚定地点了点头。

于是，陆秀夫再无余虑，伏下身子，背着幼主，义无反顾地一起跳

进了大海，沉没在翻滚不息的波涛之中。

宋军兵力号称二十多万，其实，有战斗力的不过四五万人，其余全是跟随朝廷逃难的普通百姓。

十几万百姓看着丞相和皇帝已经殉国，也都毫不犹豫，纷纷跳海殉国。

先前在潮州五坡岭被俘的文天祥被囚禁在元军船中，目睹了崖山海战的全过程，目眦尽裂，却无力回天，挥泪作诗《二月六日，海上大战，国事不济，孤臣天祥，坐北舟中，向南恸哭，为之诗曰》，酣呼："我欲借剑斩佞臣，黄金横带为何人?"

张世杰虽已成功突围，但听到少帝赵昺的死讯，仰天大哭道："吾先立一君，不想身亡；复立一君，此君亦亡，这可如何是好!"不久，也壮烈殉国。

《宋史》由此下结论："张世杰死，遂宋亡。"

数日之后，海上浮尸十余万，山河为之变色。

沿海百姓找到陆秀夫的尸体，安葬在广东新会二城村附近。

南宋遗民林景熙赋诗赞："生藏鱼腹不见水，死抱龙髯直上天。板荡纯臣有如此，流芳千古更无前。"

陆秀夫的忠义之名，丝毫不输文天祥。

明人蒋一葵在《尧山堂外纪》就说："擎天者，文天祥。捧日者，陆秀夫。"

元朝枢密院副使兼潮州路总管丁聚，仰慕陆秀夫高风亮节，另于汕头南澳岛青径口为陆秀夫建衣冠冢，并题碑"宋忠臣左丞相陆公墓"。

元朝灭亡后，广东新会二城村人重修陆秀夫坟墓，建亭立碑，石马石狮，安排专人守墓。

但在明末清初乱世，有人看上了陆秀夫墓所在地的风水，竟然打断古碑，连同石马石狮一起扔到了河里，沉香木棺材也挖出来烧了，骨骸散佚。

文天祥之弟叛国，文天祥却认可他们的做法

文天祥一共有三个弟弟和三个妹妹。三个弟弟分别叫文璧、文霆孙、文璋，其中文霆孙早卒。

文天祥是南宋的状元丞相，他在大厦将倾、狂澜既倒的危难情况之下，明知不可为而为之，起兵勤王，转战各地。兵败被俘后，坚贞不屈，留下了《正气歌》等诗歌名篇，他也因此成为史上著名的舍生取义楷模。

然而，文天祥那两个一母同胞的亲弟弟文璧、文璋，他们在元朝大军兵临城下之际，选择了打开惠州城门，举家降元。

对于文璧、文璋兄弟的做法，人们是非常鄙视的。当时有人写诗讽刺说：

> 江南见说好溪山，兄也难时弟也难。
> 可惜梅花如心事，南枝向暖北枝寒。

文天祥号文山，文璧号文溪，“溪山”指兄弟二人。另外，因文天祥写过“江上梅花都自好，莫分枝北与枝南”的诗句，故此诗中的梅花也指他们兄弟，“南枝”“北枝”的暖寒有别，是说他们一死一生、一殉一降的结局。

几百年后，“十全老人”乾隆皇帝也站在道德制高点上痛斥说：“子不知终弟受职，应难地下见其兄。”

话说回来，至元十七年（1280 年），元廷任文璧为临江路总管兼府尹，并下诏征召他前往大都朝觐，兼向文天祥劝降。

在大都狱中的文天祥完全理解弟弟们的降敌行为，写下了《闻季万至》：

去年别我旋出岭，今年汝来亦至燕。
弟兄一囚一乘马，同父同母不同天。
可怜骨肉相聚散，人间不满五十年。
三仁生死各有意，悠悠白日横苍烟。

显然，文天祥并没有指责弟弟的意思。

至元十八年（1281年）正月初一，文天祥在狱中给文璧的儿子、自己的继子写《批付男陞子》一信，明确表达了自己的态度："吾以备位将相，义不得不殉国；汝生父与汝叔姑，全身以全宗祀。惟忠惟孝，各行其志矣。"

这句话翻译成现代文，即是：我深受宋朝国恩，位居丞相，不得不坚持大义以殉国；你的生父、叔叔和姑姑们，必须保全自己以延续文家香火。我来尽忠，他们来尽孝，各自履行自己的职责。

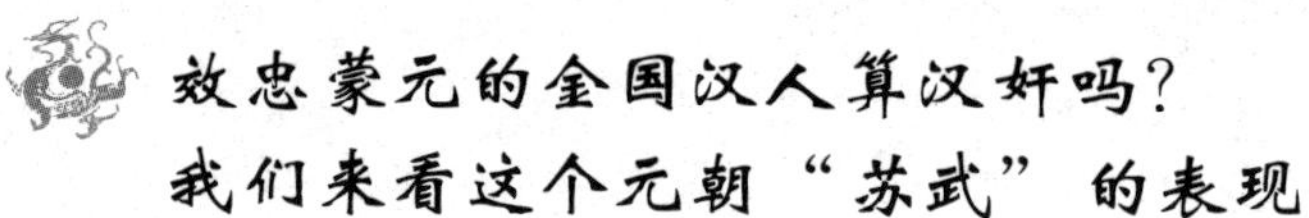

效忠蒙元的金国汉人算汉奸吗？我们来看这个元朝"苏武"的表现

效忠蒙元的金国汉人算汉奸吗？

这个问题颇为复杂，得一分为二看。

像史天泽父子、张柔父子，虽然是金国人，却是汉人血统，他们弃金入蒙的行为，总让人觉得他们是金、蒙之外的第三方，在择主而事，不算得什么背信弃义，没有过多可以指责的。

但是，他们在蒙元灭宋的过程中，翻蹄亮掌，追亡逐北，大肆屠杀汉人，这就是欺宗灭祖的禽兽行为了，骂他们一句"狗汉奸"，真还是轻的。

但对于刘秉忠、姚枢、郝经这类文人，重在文治，他们入蒙后，主要是为蒙元统治者进献治理国家的措施，实施经济、文化建设的策略，称之为汉奸，就不太恰当了。

下面以郝经为例，相信大家看了他的经历，就不会认为他是什么大恶人、大坏人、大汉奸了。

郝经家自八世祖郝祚而下，都是泽州（今晋城）陵川望族，几代人教书授业为生。

金正大八年（1231 年），郝经出生。此时，金朝的灭亡已经进入了倒计时。

襁褓中的郝经在父母的怀抱里先是避难于河南鲁山，后徙居于顺天府（今河北保定），靠其父亲教授生徒艰难度日。

郝经自小好学，勤于钻研，专治六经，潜心伊、洛之学，涉猎诸史子集，稍长，“以兴复斯文，道济天下为己任”。

由于学问品行出众，乃马真后二年（1243 年），郝经先后被蒙古元帅贾辅和张柔聘请到家中设馆教书。

这期间，郝经结识了金朝遗老元好问和理学大师赵复。

元好问非常赏识郝经，常常与他讨论作诗作文之法。

赵复更是看好郝经，称“江左为学读书如伯常（郝经字伯常）者甚多，然似吾伯常挺然一气立于天地之间者，盖亦鲜矣”。

赵复可没看走眼，他称赞郝经“挺然一气立于天地之间”，实在是恰如其分。

曾经，一位来自郝经家乡陵川的道士，在顺天府遇上了郝经，向他讲述了家乡百姓受蒙古官僚压迫的种种惨象。郝经书生意气，热血翻滚，愤然执笔写下了《河东罪言》，甘冒奇险，交贾辅转呈忽必烈。忽必烈有开国帝王的胸襟，不仅没有怪罪郝经，反而两次遣使召见。

元宪宗六年（1256 年）正月，郝经见忽必烈于沙陀。忽必烈询问以经国安民之道和帝王当行之事，郝经即“告以亲亲而仁民，仁民而爱物之义”，深得忽必烈所喜。

元中统元年（1260 年），忽必烈在开平即汗位，立即颁发政令，革

除了蒙古诸王直接向种地人征税的权利，大大减轻了北方人的负担。

而自从灭金以后，蒙古军就开始谋求并吞南宋，屡屡南下。郝经持否定态度，多次向忽必烈讲述“古之一天下者，以德不以力”的历史经验，认为蒙古国是“诸侯窥伺于内，小民凋敝于下”，而南宋则是“君臣辑睦，政事修明，无衅可乘”，极力反对伐宋，建议把精力放在内部建设上。

宪宗八年（1258 年），蒙哥汗命忽必烈分兵南征鄂州，郝经随军南下，一路对忽必烈苦苦相劝。当蒙哥汗死于合川钓鱼山，忽必烈感觉到汗位继承权受到阿里不哥的篡位威胁，答应了郝经的建议，班师北上，最终顺利继承了汗位。

随即，忽必烈授郝经为翰林院侍读学士，令其出使南宋议和。

南宋当政的是奸相贾似道，他害怕自己冒功鄂州（今湖北武汉）却敌的劣迹败露，把郝经一行拘禁于真州（今江苏仪征）。

为招降郝经，贾似道多次对郝经展开威逼利诱。

郝经心坚如铁，宁死不屈。结果，被关押了整整十六年！

在这漫长的十六年里，郝经苦中作乐，改写了陈寿编撰的《三国志》的体例，推倒其以占据中原的曹魏为正统的模式，将偏居一隅的蜀汉小朝廷奉为传承华夏王朝统绪的合法政权，该书定稿后，题名为《续后汉书》，在清乾隆朝，被收入《四库全书》。

乾隆皇帝览书后，题诗大赞郝经“身充信使被拘留”“空言思托著书酬”。

郝经不但效仿司马迁在困厄中著史，还处处以苏武为榜样，决意坚守到底，他曾作诗云：

心苦天为碎，辞穷海欲干。
起来看北斗，何日见长安。

不用说，郝经所说的“长安”就是元京“大都”；“何日见长安”，即表示自己无日不思念返还元京大都。

苏武在汉武帝朝出使匈奴，被扣押于北海（今贝加尔湖），归汉无期。后来汉昭帝继位，与匈奴和亲，索还苏武。匈奴人谎称苏武已经病死。汉使略施小计，说大汉天子在上林苑射落一雁，雁足系有苏武亲笔所写帛书，书述本人仍在北方沼泽中被困。匈奴人没法，乖乖奉还苏武。

郝经熟读经史子集，当然知道这一典故，为求脱困，他在春暖花开、南雁北归的日子里，买通看守人员，代购来一只大雁，写帛书系于雁足，里面写诗一首，云：

霜落风高恣所如，归期回首是春初。
上林天子援弓缴，穷海累臣有帛书。

后题曰：“中统十五年九月一日放雁，获者勿杀，国信大使郝经书于真州忠勇军营新馆。”

然后将雁放飞，希望元朝子民射雁能看到帛书，想法相救。

实际上，郝经所写的“中统十五年”应为“至元五年（1274 年）”。盖因他被拘于真州，不知元朝已经改元，自推为“中统十五年”。

郝经被关了十多年，忽必烈实不知他是死是活。

到了至元十一年（1274 年），汴梁猎户在北宋皇家园林金明池射下郝经放飞的雁，发现了雁足上的帛书，上报了元廷，忽必烈即命丞相伯颜率兵伐南宋，索还郝经。

南宋风雨飘摇，为求安宁，不得不礼送郝经北归。

至元十二年（1275 年）夏，郝经终于重见天日，回到了阔别十六年的大都，得忽必烈赐宴于廷，恩宠有加。

不过，也在这年秋天，郝经猝然病卒，谥“文忠”。

郝经心系天下，爱好和平，又忠贞不屈，有苏武之节，为人真没

得说。

毕沅在《续资治通鉴·卷第一百八十三》赞："经为人，尚气节，为学务有用。"

三代将门，名将辈出，能征惯战，功盖天下，但在历史上名声不佳

提起三代将门，相信很多人第一个想到的就是北宋杨家将。

杨家将为三代将门，是哪三代呢？

第一代指杨令公杨继业，其原先为北汉保卫指挥使，以骁勇著称，以功升迁到建雄军节度使。战功卓著，所向无敌，国人号称"杨无敌"。自北汉入宋后，便任判代州兼三交驻泊兵马都部署，加云州观察使，雁门关大战显赫天下。

第二代为杨继业之子杨延昭，杨继业战死后，其子弟多迁补军职，其中杨延昭在宋真宗朝又以河北守将闻名，历知保州兼缘边都巡检使及高阳关副都部署等，加莫州防御使。真宗赞称曰"有遗父之风"，因抗辽中有赫赫战功，辽称为"六郎"。

第三代为杨延昭之子杨文广，杨文广曾追随范仲淹于对夏前线，又从狄青南征。治平中，迁步军都虞候。

杨继业一门为大将三世，是中国古代历史上一个耀眼的将星群体，也是深得后人敬仰和爱戴的英雄家族。

实际上，像杨家将这样三代为将的家族并非杨家的专利，比如，在元朝，就有一个家族，也是名将辈出，个个能征惯战，基本是攻必克、战必胜，所向披靡，功高如山，遗憾的是，名声并不好。

这个家族，就是以史天泽为代表的"史家将"。

史家将的第一代领军人物为史秉直。

史秉直原籍为大兴府永清县（今河北省廊坊市永清县永清镇），属金国管辖，史家为闻名河朔的豪强大户，《元史》中记：金朝末年，河朔诸郡结清乐社四十余，社近千人，每年年节均挂史家先祖史伦画像祭祀。

蒙古太祖八年（1213年）七月，成吉思汗率蒙古大军南下攻金，进至河北一带。

史秉直堪称识时务的俊杰，率众乡里数千人，巴巴地赶往涿州（今属河北）蒙古军太师木华黎军门归降。

蒙古军要侵并中原，自然要网罗鹰犬，史秉直带数千人主动来投，哪有不笑纳之理？

史秉直遂得令领降人家属屯霸州（今属河北），招揽各地来附者达十万家，挑选出壮勇万人，号称清乐军。

次年秋，木华黎攻下金国北京大定府（今内蒙古自治区宁城西），授史秉直为行尚书六部事。

史秉直共有三个儿子：长子史天倪、次子史天安、幼子史天泽，个个都长得龙精虎猛。

因为史秉直的缘故，史天倪被木华黎引荐为万户。

《元史》对史天倪说得极神，说他刚刚出生的那天黄昏，白气贯庭。而在六七岁的年纪，就长得“姿貌魁杰”。曾有道士给他看相，说他长得是“封侯相也”。史天倪读书勤奋，日诵千言。可惜长大后，屡举进士不第。但这并没有挫败他的雄心，他常常抚剑长啸，大呼道：“大丈夫立身，独以文乎哉！使吾遇荒鸡夜鸣，拥百万之众，功名可唾手取也。”

史天倪科场失意，却是战场得意。

史秉直屯霸州建清乐军后，便将这拥有万人之众的清乐军交由史天倪掌管。

史天倪的将略之才一下子就展现了出来，其以堂兄史天祥为先锋，帮蒙古人打天下，分兵略三河、蓟州，所向无敌，诸寨望风款服。

由此，木华黎初见史天倪，便生好感，引荐他为万户，负责统率降

卒，跟随自己攻略三关以南的地盘，一直杀伐到东海，所过城邑皆下。

史天倪的战略目光尚胜于木华黎，他对木华黎说："金弃幽燕，迁都于汴，已失策矣。辽水东西诸郡，金之腹心也。我若得大宁以扼其喉襟，则金虽有辽阳，终不能保矣。"

木华黎听了，大为叹服，拊手称妙。

太祖九年（1214 年），史天倪随木华黎面见了成吉思汗，因"所陈皆奇谋至计"，得到了成吉思汗的喜爱，被赐金符，授马步军都统，管领二十四万户。

接着，史天倪随从木华黎攻高州，又攻金国北京大定府，皆不战而克。

次年，史天倪授右副都元帅，改赐金虎符，奉诏南征，下平州、挺进真定。

镇守真定的是史天倪的命中克星——威州（治今井陉县东北）人武仙。

武仙家和史家一样，也是地方豪强，他本人在蒙古军和金军争夺河北时，招聚乡兵自守，声势很大，被金朝抢先收买，进宣抚使，封为恒山公，总领中山、真定府，沃、冀、威、镇宁、平定州，抱犊寨、栾城、南宫等地。

按照《金史·武仙传》里面的说法，和武仙同时封授"公"衔的九公中，他的势力最强盛。

史天倪算是遇上了硬茬子，数番狂攻真定而不能下，只好移军围大名。

攻破大名城后，史天倪与木华黎会兵于燕南，平定清州王守约、平州合达之乱，扬威山东诸郡，逼得中山李明、赵州李瑀、邢州武贵、威州武振、磁州李平、洺州张立等豪雄望风而降。

而经过这一轮轮杀伐，真定已经成孤城。

史天倪耀武扬威，整军再围真定。

武仙心生恐惧，已有降意。

史天倪的堂兄史天祥充当孤胆英雄，以一副下龙潭、探虎穴的豪情壮志入城劝降。

武仙没有太多犹豫，乖乖出降。

木华黎承制以史天倪为金紫光禄大夫、河北西路兵马都元帅，镇守真定，行府事，而以武仙为其副手。

真定是金、宋、蒙古三股势力交汇的重镇，三方都争着要，在金、蒙争抢达到平衡点时，真正的主人乃是武仙。

现在武仙一下子成了史天倪的副手，极其不爽，一直思谋夺回权位。

而在史天倪带领家属到真定赴任前夕，其父史秉直也有种不祥的预感，曾密诫他说："观武仙之辞气，终不为我用，宜备之。"

史天倪不以为然，说："我以赤心待人，人或相负，天必不容，愿无虑。"

太祖十九年（1225 年），武仙的党羽据西山腰水、铁壁二寨反叛，史天倪几乎没费吹灰之力就将之剿灭了。

武仙觉得事不宜迟，必须抢先发难。

他以赔罪为名，设宴邀史天倪。

史天倪自诩"以赤心待人"，人绝不相负，大大咧咧地应邀赴宴。

结果，他在宴席上吃到了板面刀，一命归阴。

史天倪死时，年仅三十九岁。

其妻程氏，听说城内起乱，生怕自己的身子被乱贼玷污，横刀自杀。

史天倪共有五子，三个年幼的，俱死于难。只有史楫、史权与史秉直同住在北京，躲过了大难。

史天倪被害，史家将第二代领军人物史天泽正式登场。

《元史》对史天泽的描述恍若神人，称其"身长八尺，音如洪钟，善骑射，勇力绝人"。

史天倪遇难时，史天泽正在护送母亲去北京的路上，初闻噩耗，便

不管不顾，口中大呼：“兄弟之仇，义所当复，虽死不避，况未必死邪!”掉头向南，沿途一路收集逃散的部众，同时一面向木华黎之子孛鲁求援，一面呼唤时为帐前军总领兵的二哥史天安来助。

孛鲁承制命史天泽袭兄职为都元帅，并发三千蒙古兵来援。

史天泽与二哥史天安会合，进兵卢奴（今定州市）。

武仙部下最为骁勇的悍将葛铁枪率万人来战。

史天泽率军迎击，身先士卒，生擒葛铁枪，攻克卢奴，略无极，拔赵州（今赵县），进军野兴，一举收复真定，武仙落荒而逃。

老实说，史天泽的文才武略均在其兄史天倪之上。

他在担任都元帅后，在灭金、灭宋的过程中屡建奇功。

窝阔台汗二年（1230年），蒙古诸军围攻卫州（今河南卫辉），金将完颜合达以众十万来援，蒙军数战不利，诸将皆北。史天泽以千人绕出其后，为蒙军击败十万金军、收复卫州奠定了胜局。

窝阔台汗五年（1233年），史天泽会蒙古诸军于蒲城（今属陕西），将金将完颜白撒部八万之众，俘斩殆尽，予金王朝以致命一击。

金哀宗以单舸东走归德（今河南商丘），史天泽紧追不舍，一直追至蔡州（今河南汝南）。

窝阔台汗命元帅倴盏率大军合围蔡州，史天泽当其北面，结筏潜渡汝水，血战连日，终于攻破蔡州城，金哀宗在幽兰轩上吊自杀，金朝宣布灭亡。

灭金后，史天泽的刀锋转向南宋。

窝阔台汗七年（1235年），史天泽随皇子曲出攻南宋，进至枣阳（今湖北枣阳），其奋勇先登，比蒙古军表现得还要拼命和卖力，一举拔城。

继攻襄阳（今湖北襄樊），更是势如疯虎，彼时，宋军以舟数千陈列于峭石滩。史天泽挟二舟载死士，豁出命来，直捣前阵，宋军为之气夺，被杀溺了数万人。

窝阔台汗九年（1237 年），宗王口温不花攻光州（今河南潢川），又是随征的史天泽率军先破外城，再破子城。

随后的复州（今湖北天门）之战，宋军以三千舟船锁湖面为栅。

伐宋急先锋史天泽指天大笑，称“栅破，则复自溃”。

其亲执桴鼓，督勇士四十人攻其栅，不逾时，栅破，蒙军由此昂然进入淮南。

在寿春（今安徽寿县），史天泽军遭到宋军乘夜劫营，史天泽单骑迎战，击杀数人，麾下兵继至，最终扭转战局，将数万宋军驱入淮水中淹死。

其后，史天泽乘胜鼓勇，连下滁州（今安徽滁县）、盱眙（今属安徽盱眙）和宝应（今属江苏）等淮东州县。

蒙哥汗八年（1258 年），蒙哥汗入川攻宋，史天泽统水军在嘉陵江阻击南宋援蜀的大将吕文德，其分军为两翼，顺流纵击，三战三捷，夺其战舰百余艘，追至重庆而还。

中统元年（1260 年），忽必烈在开平（今内蒙古自治区正蓝旗东）即帝位，首召史天泽，问以治国安民之道，史天泽具疏以对，侃侃而谈，得拜中书右丞相，从征阿里不哥，斩阿里不哥大将合丹火儿赤，立功甚多。

中统三年（1262 年）二月，据守山东的李璮暗中联络南宋，发动武装叛乱。史天泽对忽必烈笑称李璮这是“豖突入苙，无能为也”，受忽必烈诏旨，率军讨伐。到了济南，其深沟高垒，围困了足足四个月，最终活捉李璮，斩于军门。

李璮身为汉人作乱，已引起忽必烈对汉人地方势力的关注和猜疑。

史天泽是个人精，善猜上意，马上主动要求解除兵权，一脸诚恳地对忽必烈说：“兵民之权，不可并于一门，行之请自臣家始。”

于是，史氏子侄，即日解兵符者十七人。

史天泽此举，大得忽必烈欢心，至元元年（1264 年），在保持其右

丞相之职不变的情况下，又加光禄大夫。

至元三年（1266 年），太子真金持衔为枢密正使，史天泽则任枢密副使。

至元四年（1267 年），又改授中书左丞相。

至元十年（1273 年）春，史天泽与平章阿术等进攻樊城，城克，襄阳宋将吕文焕出降。

至元十一年（1274 年），忽必烈下诏派史天泽与丞相伯颜一起统领大军，自襄阳水陆并进，发起对南宋的终极一击。

这一年，史天泽已经七十三岁了，一把老骨头经不起折腾，行至郢州，患病，不得已，申请返至襄阳修养。

忽必烈闻讯，非常关心，派近侍携葡萄酒相赐，慰勉说："卿自朕祖以来，躬擐甲胄，跋履山川，宣力多矣。又，卿首事南伐，异日功成，皆卿力也。勿以小疾阻行为忧。"

这样，在忽必烈派人护送下，史天泽返回了真定家中，于至元十二年（1275 年）二月七日病死。

忽必烈震悼，表现得相当够意思，遣近臣赐以白金二千五百两，赠太尉，谥忠武。后累赠太师，进封镇阳王，并立庙纪念。

这里补叙一下史天泽的二哥史天安。

此人在蒙国灭金过程中也立下过赫赫战功，但命短，壮年病死。他的儿子史枢以勋臣子的身份知中山府，跟随其三叔史天泽参与了一系列攻伐南宋的战斗，病死于至元二十四年，时年六十七岁。他的长子史焕，为昭勇大将军、后卫亲军都指挥使，佩金虎符；次子史煇，为奉训大夫、秘书少监。

这里重点要说的是史家将第三代领军人物——史天泽之长子史格。

史天泽共有八子，可谓七狼八虎，个个不同凡响。长子史格任湖广行省平章政事；次子史樟任真定顺天新军万户；三子史棣，任卫辉路转运使；四子史杠，湖广行省右丞；五子史杞，任淮东道廉访使；六子史梓，任同知澧州；七子史楷，同知南阳府；八子史彬，任中书左丞。

史天泽长子史格是个敢玩命的人，自小随父征战，无畏无惧，奋勇争先，不避箭矢，一往无前。

蒙军渡江之战中，平章阿术将二十五万户居前，每五万户择一人统率，史格居五统帅之一。

渡江当日，史格率军先渡，被宋将程鹏飞率部击退，史格本人体被三创，丧其师二百。

史格大感丢脸，在接下来的大战中，身中流矢而不退，咬牙击退了程鹏飞，总算出了口气。

该战，程鹏飞身被七创，败走得非常狼狈。

在攻打潭州之战中，砲激栅木，史格被飞来的栅木戳穿肩膀，还被流矢洞贯手臂，他眉头皱都不皱，裹创先登，一举拔城！

史格因此得加定远大将军，赐玉带。

既得恩宠，史格愈加卖命，徇广西十八州、广东三州，皆下。

随即，史格升广西宣抚使，改镇国上将军、广南西道宣慰使。

宋恭帝出降后，陈宜中、张世杰等人拥益王在福州为帝，传檄岭海，准备复兴宋朝。

元兵元将在广东、广西等地征战连年，有北归之思，行省有弃广东肇庆、德庆、封州，并兵戍梧州的想法。

如果此举实施，南宋小朝廷得以苟延残喘，没准能缓过气来。

但是史格坚决反对，称："弃地撤备，示敌以怯，不可，宜增兵戍之。"

最后，忽必烈接受了史格的意见，源源不断增兵来援，史格终于如愿地看到了南宋灭亡的一刻，脸上绽放出灿烂的笑容。

史格后来转任湖广右丞，进平章政事，卒年五十八岁。其长子史燿，任福建行省平章政事；次子史荣，任邓州旧军万户。

不用说，史家将门三代，为蒙古灭金、灭宋立下了盖世大功，是

元朝的大功臣；但是，他们身上流淌的是汉人的血，却甘为异族驱使，灭亡汉人政权，在历史上名声不佳，人气远逊于忠烈满门的北宋杨家将。

史上仅有两次在日本本土上展开的中日大战

日本岛孤悬大海之中，距离大陆遥远，海上风高浪急，所以，一般没什么人去招惹它。

但日本人却是一个好斗的民族，其独居海上一隅，不免坐井观天、夜郎自大，酽酽乎做起了由岛国蜕变为内陆国的美梦，屡以朝鲜半岛为跳板，频频西顾。

由此，历史上发生过多次中日战争，但战场基本都不在日本本土。

史上仅有两次在日本本土上展开的中日大战，严格地说，是在蒙元与日本之间展开的。

与好斗的日本人相较，由成吉思汗带领的蒙古人扩张力度更大。

成吉思汗有建立世界大帝国的野心，其率部东征西战，横行欧亚大陆，第一次西征灭西辽；第二次西征击溃波兰、罗马联军，征服了包括意大利半岛在内的区域；第三次西征灭掉阿拉伯帝国、叙利亚，前后平灭了四十多个国家。

蒙古要建立世界大帝国，就不能允许腋下有一个勃勃好斗的国家存在。

公元 1274 年，忽必烈多次派使者赴日本命令日本称臣纳贡。

日本人自以为天高皇帝远，断然拒绝了忽必烈的要求。

拒绝就打！

忽必烈发远征军，从朝鲜扬帆出海，驶往九州岛，准备一举把日本人打趴下。

这个时候蒙古族的武力攻无不克，战无不胜，并不把小小的日本放

在眼里。

由此，远征军总共只有两万五千人，其中蒙古人和高丽人大约各占一半，还有部分女真人和少量汉人。

忽必烈太自大了。

此次作战，既是劳师远征，又是蒙古人不擅长的跨海作战，兵力严重不足，又对日本人坚韧好斗的狠忍程度估计不足，所以战斗打得很惨烈，很艰苦。

蒙古人马快弓强，携有回回炮；但日本岛上不利驰骋，而日本人善于贴身近战，这么一来，蒙古人的优势就失效了。

要命的是，日本当时的冶炼和刀具制作技术世界一流，日本战刀的性能只有北印度和西亚出产的大马士革钢刀可以媲美，其铁甲防护性能也很强。元军普通士兵的刀剑与日本刀一碰就断，而蒙古弓箭又无力穿透日本武士的盔甲，所以蒙军死伤惨重。

还有，蒙古一向机动灵活的战术，主要在于只携带少量粮草，士兵的伙食要通过掠夺战争地区来解决，以战养战。可是日本人坚壁清野，以贴身近战把蒙军堵在沿海一线。蒙古兵无粮可就，只能吃生马肉、喝马血以维持生命。

又因蒙古此时并未征服南宋，西线紧张，最后不得不匆匆从日本撤军，途中还遭遇了风暴袭击，损失严重。

经过这一次较量，双方彼此领教了对方的厉害。

公元1281年，忽必烈已经统一了中国，放手第二次入侵日本。

此次共有大小船舶近五千艘，军队约二十万，蒙古人四万五千，高丽人五万多，汉人约十万，其中汉人大半为新附军（收编的南宋军），阵容庞大，从江浙和朝鲜同时出发。

日本早早收到了风声，做了充分的迎战准备，在博多湾沿海构筑了一道石墙，用以阻碍蒙古骑兵。

元军于六月上旬登陆作战，受阻于石墙之外，多次进攻均无法突破。

石墙之外，帮了日本大忙的还是海上飓风。

八月一日，太平洋上突然刮起了猛烈的飓风，元军南方舰队的舰船基本被毁，北方舰队的舰船也损失大半。

四天的大风暴过后，北方舰队剩余的舰船搭载指挥官以及部分蒙古军和高丽军逃离战场驶返高丽。南方军的指挥官和部分高级官员也丢下了大部队，乘坐残存的几艘船逃离。

这么一来，驻扎在九龙山海滩上的近十万元军进退失据，成了任由日本人宰割的对象。

日本人经过一番疯狂屠戮，俘获了两万多人。

不难看出，这次是飓风帮了日本人的大忙。

日本人知恩图报，从此称飓风为“神风”。

蒙军连遭两次惨败，不再敢起远征日本之念。

此国原属中国，忽必烈征讨折戟，到明朝才被收回成中国省份

说起我们的邻国越南，其实最早的时候，是中国的一部分。

在越南人的神话传说里，越南第一个王朝鸿庞氏王朝的君主就是神农氏的后代。

神农氏是谁?

在中国神话传说里，神农氏是和有巢氏、燧人氏、伏羲氏、女娲氏并列的五氏之一，是中华民族之祖、农业之祖、医药之祖、商贸之祖、音乐之祖等，对中华文明有不可磨灭的巨大贡献。后世也因此将他尊称为“三皇”之一。

历史学家都认为，越南的庞氏王朝其实并不存在，只是神话传说。但越南人编个神话故事也要认中国祖先神农氏为祖先，则越南的属性和来源可想而知。

事实上，秦始皇在统一六国后，就曾在广西设置了一个象郡，越南北部就归属于象郡。

秦末天下大乱，秦朝的南海尉赵佗自立称南越武王，建南越国。越南的中北部成为南越国的一部分。

公元前111年，汉武帝平灭了南越国，在越南北部和中部设立了交趾、九真、日南三郡。在之后长达一千多年的时间里，越南中北部一直是中国各朝代包括汉朝、东吴、晋朝、南朝、隋朝、唐朝的直属领土。

只不过唐王朝崩溃后，中国进入五代十国乱世，越南趁乱摆脱了中国的控制。

虽说是摆脱了中国的控制，但越南并未脱离中华文化影响，仍是使用汉字，采用古代中国的政治制度，建立了一连串封建王朝。

在越南闹独立的日子里，中国政府并不是没有想过将它收回，但越南地处北回归线以南，高温多雨，属热带季风气候，雨林茂密，其国民风剽悍好战，贸然发兵攻打耗费巨大。而越南统治者每意识到中国政府有动武意图，便温顺乖巧地进贡表示臣服，因此，收复战争始终没有打起来。

在中国的宋朝阶段，越南统治者接受宋朝册封的交趾郡王称号，以宋朝藩属国自居。

值得一提的是，接连灭西夏、金和南宋的蒙古草原大军，他们以征服为生命的主要目标，几乎是在整个亚欧大陆上所向无敌，可是，三次进攻越南全都以失败告终。元朝不得不接受越南的朝贡修好，承认其藩属国的地位。

越南人能挫败蒙古强敌，应该是让人尊敬的。但越南人却因此盲目地膨胀起来，以至今天还有越南人声称："正是越南人的胜利，阻止了蒙古人占领全球的阴谋。"

元末明初，越南人又趁着中原大乱，在中国边境烧杀抢掠，并且有割据中原的野心。

朱元璋正忙着驱逐蒙元残余势力，没空理会。越南人就愈加狂妄，愈加可劲地闹腾。

不过，越南很快就出现了内乱。

有一个叫胡季犛的人，是越南统治者陈朝君主的外戚，他将陈氏家族几乎斩尽杀绝，扶持一个傀儡皇帝登基，自己把持朝政。

到后来，胡季犛玩得差不多了，就把傀儡国王杀了，自己登基。

陈朝遗臣向明朝永乐大帝明成祖朱棣哭诉，请求明朝主持公道。

朱棣立刻派使者斥责胡季犛，要他还政于陈氏。

胡季犛表现得很听话，表示愿意将大权奉还。

朱棣于是派五千人护送陈氏遗孤陈天平回国接政。

哪料，胡季犛嘴里说的是一套，做的又是一套，他埋伏了十万兵力包了五千明军的饺子，并当着明军的面杀死了陈天平。

太岁头上动土，真是活得不耐烦了！

朱棣一怒之下，点起三十万人马分头从广西、云南进军。

明军一出手，就把胡季犛打回原形。

很快，明军就收复了越南，设郡县、置交趾承宣布政使司，把越南纳入大明版图，进行直接统治。

不过在明成祖死后数年，黎利发动蓝山起义将明军驱逐出越南，在承诺维持与明朝的宗藩关系之后，恢复了独立，建立了后黎朝。

忽必烈打造了千人共饮大酒瓮，该瓮却曾沦落为咸菜缸

现在，北京北海团城承光殿前有一座蓝色琉璃瓦的石亭，此亭名为玉瓮亭，亭中有汉白玉石座，座上安放着一件硕大的玉雕作品。

每天游客来来往往无数，如果没有导游的介绍，相信很多人不会感觉得出这件玉雕作品的奇异之处，甚至感觉不出它是一件玉器，毕竟那黑不溜秋的颜色太不起眼了。

而当有人说，这件玉雕作品是无价之宝，于2012年被《国家人文历史》（原《文史参考》杂志）评为九大镇国重宝之一，很多人会感到不可思议。既然是镇国重宝，怎么就这么随随便便地放在这个四面通风的亭子里呢？难道就不怕贼惦记？不怕风侵雨蚀？

别急，只要您了解过这件宝物的制作历史、功能、性能，以及它所经历过的故事，前面这些疑问就会一扫而空。

这件宝物的名字叫“渎山大玉海”，其腹内刻有清代乾隆皇帝的御诗三首及序文。

序文说：“玉有白章，随其形刻鱼兽出没于波涛之状，大可贮酒三十余石，盖金元旧物也。曾置万岁山广寒殿内，后在西华门外真武庙中，道人做菜瓮，见《辍耕录》及《金鳌退食笔记》，命以千金易之。仍置承光殿中，而系以诗。”

这段话的意思是：宝物是由黑底上面带有白色花纹的玉制成，雕刻匠因地制宜、因料刻形，雕刻出各种各样的鱼兽出没于波涛之中，容积可盛装酒液三十余石，属于元朝旧物，曾安置在万岁山广寒殿内，后转移到西华门外真武庙中，被无知的道人当作菜瓮来使用，《辍耕录》及《金鳌退食笔记》等书均有记载。我命人用千两黄金作为交换，安置于承光殿中。

至于为什么叫“渎山大玉海”，乾隆皇帝也做了解释：渎山最初是放置在万岁山的，因为万岁山四面环水，故别称为“渎山”。

但是，万岁山虽然在历史上出现过不同的称谓，却从未被称作过“渎山”，即乾隆所说也只是一家之言，未必准确。

那么，乾隆说这宝物可贮酒三十余石、属元朝旧物，又是否靠谱呢？《元史·世祖本纪》有明确记载：“至元二年（1265年）十二月，渎山大玉海成，敕置广寒殿。”

必须说明一下，元朝是由蒙古族建立的，在国号定为元之前，称为

蒙古帝国，而蒙古帝国是由一代天骄成吉思汗于公元1206年建立的。后来改国号为元的是成吉思汗的孙子忽必烈，其于公元1260年即位大汗，公元1271年建立元朝，国号大元，忽必烈即被视为元朝的开国皇帝。

忽必烈气魄雄大、志吞四海，其于公元1279年灭南宋，帝国疆域北到西伯利亚南部，越过贝加尔湖，南到南海，西南包括今西藏、云南，西北至今新疆东部，东北至外兴安岭、鄂霍次克海、日本海，包括库页岛，总面积超过一千二百万平方千米。

制作渎山大玉海的初衷，就是用来盛酒、犒赏三军将士的。

元世祖忽必烈入主中原后，兴建大都，以金代的琼华岛为中心，将琼华岛改名万岁山，于山的最高处建起广寒殿（约在北海白塔的位置）。他准备在广寒殿大宴群臣，为此，命数十名工匠花了五年时间将一块整玉雕成一巨大酒瓮，瓮重达七千斤，可盛酒三十石，气势磅礴，一意彰显元初版图之辽阔、国力之强盛。

三十余石酒，大约相当于三千六百瓶一斤装的酒！

即一瓮酒就可供几千人同时享用，这气势可谓震古烁今！

“人生百年常在醉，算来三万六千场”，真是豪迈至极，也奢靡至极。

奢靡豪迈的蒙元帝国长醉百年，其主宰中原的历史从头至尾，也不过堪堪百年，最后惨遭雄主朱元璋驱逐，退回漠北。

作为教育国人奢侈亡国的鲜活例证，广寒殿和大玉海都被朱元璋保留了下来。

朱元璋倡导勤俭治国，则用来贮酒的大玉海就一无用处，渐渐被人们所遗忘。

两百多年后，即万历七年（1579年），广寒殿发生火灾，整座宫殿化为焦土。

制作材质为玉石的大玉海，自然水火不侵，被搬到了皇家的御用监。

不过，时至今日，我们还可以在“渎山大玉海”的表面上看到许多被大火烧过之后留下的斑驳黑点。

御用监是专门制作宫廷器玩的地方，监内有一座真武庙。

明亡清兴，御用监被废掉，真武庙却还保存着，大玉海就一直安放在真武庙的殿前。

后世道人不知这狼犺大家伙的来历和用途，觉得它闲着也是闲着，不如用来腌制咸菜。

于是，举世无双的皇家宝物沦落成了一个咸菜缸！

清康熙五十年（1711 年），朝廷重修真武庙，辅臣高士奇惊奇地发现了这一珍宝，禀报康熙帝。

鉴于这一宝物太过笨重，又并无别的用途，康熙只是命人将之移到庙内的大士像前，洗白其咸菜缸的身份，尊为镇庙重器，仅此而已。

庙中道人根据咸菜缸的大钵形象，亲切地称其为大玉钵。

真武庙从此也被改名为玉钵庵。

二十四年后，清朝执政时间最长的皇帝清高宗乾隆帝即位。

乾隆帝是个纯粹的文物爱好者，心思与其祖康熙不同，他于乾隆十年（1745 年）知道玉钵庵有这样一件盖世大宝贝后，“命以千金”将之从庵中赎出，置今北海团城承光殿的玉瓮亭中。

宝贝入亭之日，乾隆诗兴大发，在玉海腹内碾刻了自赋“玉瓮歌”三首。

四十多位臣下，诚惶诚恐，赶紧奉和赋诗。

大臣诗作，全刻在玉海外的亭柱上。

不管乾隆和其臣下的诗作写得如何天花乱坠，渎山大玉海仍只是以其古朴、笨重的面目示人，不为外人所注目。

正因如此，八国联军入侵北京、日本侵占华北，古朴、笨重的渎山大玉海骗过了侵略者的眼睛，成功地躲过了劫难。

那么，这一大块古朴、笨重的玉石，到底属于什么品种呢？

2004 年 5 月 27 日，亚洲珠宝联合会组织北京大学崔文元教授、杨福

绪教授和中国地质大学阎蔚萱教授等二十多位国家级专家组成一个鉴定委员会，集中在北京北海公园团城破解这一个长达七百多年的谜团，揭开渎山大玉海玉质的神秘面纱。

鉴定会上，亚洲珠宝联合会会长、著名宝玉石专家李劲松介绍了情况，提出“大玉海是独山玉作品，南阳独山玉的矿物岩石成分为黝帘石化斜长石，独山玉在仰韶文化遗址中即有出土，距今约有六千年”。

专家们对大玉海仔细观察研究，再与南阳方面拿出的七八块标本反复比对，认为元代制作渎山大玉海所用玉材与独山玉相同，最后一致认定渎山大玉海是由独山玉制成的。七百多年的谜团解开了。

鉴定结果被媒体公之于世，“渎山”一词也得出了新解：“渎山”二字，通假“独山”。独山在河南南阳市北郊，是中国传统的玉材产地。独山玉，又称独玉、南阳玉，是中国独有的玉种。

第三章　元朝诸帝

真金太子幕后操作，计除大奸臣阿合马

在中国古代历史上，元朝和清朝是两个比较特殊的大一统王朝。

这两个王朝，都是由汉族以外的少数民族建立的。

这两个少数民族从关外入侵，最后都定都于现在的北京——定都于北京的原因有很多，但其中一个原因比较明显，北京是关内最北的城市。

这么说，大家可能已经料到我想说什么了。

这两个来自关外的民族都耐寒不耐热，不能适应于居住在更南方的城市。

就算已是在北京定都，每年到了夏天，王公贵族们还是要像候鸟一样，迁徙到更北一些的地方去避暑。

这不，公元1282年三月，春天还没结束，夏天这才刚刚露了个头，已经在关内生活和活动了三十年的元世祖忽必烈，还是畏惧于酷暑的威力，早早携带着四十岁的皇太子真金来到上都（今内蒙古自治区锡林郭勒盟正蓝旗境内）避暑。

三月十七日夜里，元世祖搂红拥翠，尽情地享用着羊肉和美酒，极尽人间快事。

他不知道，都城北京发生了一起震惊朝野的流血事件——他最宠爱的大臣，中书省左丞相阿合马被人用铜锤击碎脑袋，永远地告别了这个世界。

第二天凌晨，元世祖被人从美梦中叫醒，听说了这一噩耗，胡子一下子就翘了起来，大发雷霆之怒，一连串地说：赶快侦破此案，将凶手碎尸万段！

元世祖如此震怒的原因有两个：第一，阿合马是自己得力的肱股大臣，杀他就等于是要搞垮大元江山；第二，京师乃是首善之地，凶手敢在京师行凶，这是赤裸裸地向大元政府进行挑衅，是可忍，孰不可忍！

那么，阿合马的重要性主要体现在哪些方面呢？元世祖为什么把杀阿合马视同于要搞垮大元江山呢？

这里简略说说阿合马其人其事。

阿合马是费纳喀忒（今乌兹别克斯坦境内）人，出身很低，是察必皇后的陪嫁奴隶。

但阿合马很有才，他读书不多，却是个天生理财高手——清点和安排各项账务，不但井井有条，而且运用巧妙，每一笔都支派得恰到好处，常常会起到一分钱当成两分钱用的奇异效果。

因此，阿合马很快就进入了忽必烈的视线，并得到了重用。

中统二年（1261年），阿合马出任上都同知。三年，领中书左右部，兼都转运使。至元元年（1264年），拜中书平章政事，主要掌理财政。

理财之外，阿合马的另一项技能——辩才，也让忽必烈大为赞赏。

丞相线真、史天泽等人看见阿合马在朝中走红，独揽大权，非常不爽，屡次针对他。但阿合马对这些人公开回怼，总是有理有据，让这些人辞穷理屈，最终哑口无言。

也正因为这样，阿合马越来越目中无人，除了忽必烈，谁也不放在眼里，疯狂敛财、敛色，疯狂揽权、揽政，所树仇敌就越来越多。

卫士秦长卿看不惯阿合马的德性，上书直言，请求忽必烈诛杀阿合马。

忽必烈正要依靠阿合马把国家搞富，怎么舍得？

这一来，极大地助长了阿合马的嚣张气焰，他随便捏了个罪名，将秦长卿下狱，并指使狱吏“濡纸塞其口鼻”，活活将之闷杀。

另一个汉臣崔斌因弹劾阿合马卖官鬻职，也被阿合马捉起来，割颈放血。

……

阿合马罪行累累，他被人刺杀的结局，应该是可以预见的。

杀害阿合马的人是益都（今山东省青州市）千户王著、妖僧高和尚。

王著在杀害阿合马后主动投案，爽快招供，说自己向来疾恶如仇，不能容忍阿合马倒行逆施、荼毒天下苍生，所以事先让人铸造了一个大铜锥，发誓有一天要用它来击碎阿合马的脑袋。趁着这年三月大皇帝和太子离京避暑，就和高和尚带领了八十名死士，潜入京师，矫称太子的命令，把阿合马诓骗出府，一锤将之击毙。

从察罕脑儿赶回到京城的忽必烈听了王著的供词，暴跳如雷，命人把王著、高和尚推上闹市诛杀，并剁成肉酱。

王著临刑前大喊道：“王著为天下除害，今死矣！异日必有为我书其事者！”

阿合马在世时飞扬跋扈，有噬人的狠劲，他既然已死，就害不了人了。

平时怨恨他的人不断把他的劣迹揭露出来，一项项罗列给忽必烈看。

其实，阿合马的理财手段在粗豪汉子忽必烈眼中是如此高明，但都是汉人玩剩下的。

司马光在反对王安石变法时，说过一句非常有名的话——“天下之财，不在官则在民，不在民则在官”。

阿合马所谓把国家搞富，不过是与民争利而已。

他的争利手段也很老套，最明显的是砍人三板斧。

第一板斧，搞官卖垄断，对银、铁、盐等实行垄断权。同时，他巧立名目，增加各种税目，任意提高税金。

第二板斧，以反贪名义检查清理政府财政收入，实际是敲诈敛财。

第三板斧，肆意发行纸币。这是阿合马的必杀技，一经祭出，就是金银滚滚到手。

别的不用说，单这三板斧，就足以弄得天怒人怨。

经过群臣的反复讲解，忽必烈终于弄清楚了阿合马的种种邪恶，命人清查阿合马的家底。

这一清查，不得了。

阿合马家的金银堆积如山，有小妻五十多人，侍妾四百多人，加起来将近五百人！

当然，这些并不足以触动忽必烈的神经。

最让忽必烈恨从心上生的事有四件：

一、阿合马最宠幸的爱妾名叫引住，她房中私藏有两张鞣制过的人皮，非常完整，“两耳俱存”。据引住说：“诅咒时，置神座其上，应验甚速。”

二、阿合马收藏有两幅帛画，画中“甲骑数重，围守一幄殿，兵皆张弦挺刃内向，如击刺之为者”，俨然是一幅弑君篡位的画面。

三、有名叫曹震圭的人为阿合马推算过生辰，妄言凶吉。

四、算卦人王台判妄引图谶，称阿合马有九五吉相。

忽必烈气得三尸神暴跳，下令诛杀阿合马的子侄，并处以剥皮酷刑，没收全部财产。

饶是如此，忽必烈尚不足平息心头之恨，又命人把阿合马的尸体从坟墓中挖出，在通玄门外戮尸，然后纵放皇家猎狗群扑而上，把阿合马尸身吃得一块不剩。

这里有一个问题，王著只是个中级军官，他和阿合马并无直接的矛盾冲突，单凭一句“为天下除害”而行此大险之事，很难让人信服。而且，他远在益州，应该对京城之事知晓不多，却能假冒太子手下成功作案，那么，刺杀阿合马背后的真相，应该就是太子真金的指使。

真金信任汉臣，曾想设立门下省以钳制阿合马集团，但遭到阿合马集团的反击，计划落空。真金的亲信廉希宪为此忧思成疾，一病不起，去世前一再叮嘱真金务必铲除阿合马，他说目前的情况是“大奸专政，群小阿附，误国害民”。

不过，铲除掉阿合马后，真金也因为禅位问题遭到了忽必烈的猜忌，从而忧惧成病，英年早逝，最终继承了帝位的是他的儿子铁穆耳，是为元成宗。

真金则被元成宗尊为元裕宗。

 元成宗与八百媳妇国杠上了

元成宗孛儿只斤·铁穆耳是忽必烈建立元帝国后的第二任皇帝。

他的父亲孛儿只斤·真金早在至元十年（1273 年）就被忽必烈立为皇太子，本来应该做元帝国的第二任皇帝的。

但是，真金不能容忍左丞相阿合马擅权，暗中定下密谋，由益州参将王著出手，将之击杀。

然而，至元二十二年（1285 年），由卢世荣重新起用的阿合马余党答即古阿散等人，找到了一个反击真金的机会——此前南台御史曾与真

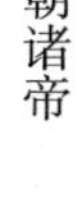

金有过进劝忽必烈禅位于皇太子之议，此事虽然没有实施，但终究纸包不住火，被答即古阿散等人得知。

答即古阿散等人找了个机会，将此事上奏忽必烈。

忽必烈虽然已到古稀之年，听此奏报，还是气得浑身发抖，大发雷霆，下令严查。

幸亏，在丞相安童等人的积极活动下，大事化小，小事化无，但真金经此一吓，忧惧成疾，于同年十二月去世，终年四十三岁。

按照汉人儒家的观点，忽必烈应该选真金的长子甘麻剌作为嫡长孙，立他为皇太孙。

但别忘了，古代蒙古有一个继承习俗，称“幼子守灶”，即幼子享有优先继承遗产的权利。

事实也证明，忽必烈并没有把甘麻剌当成接班人来培养的迹象。

反倒是至元三十年（1293 年）六月，忽必烈授真金幼子铁穆耳皇太子宝，派他镇守蒙古汗国故都哈剌和林（今蒙古国后杭爱省额尔德尼召北），掌管北方防务。同时派开国四杰之一博尔术之孙、御史大夫玉昔贴木儿做他的助手。

至元三十一年（1294 年）正月二十二日，八十岁的元世祖忽必烈驾崩，铁穆耳即继位为帝，是为元成宗。

尽管元成宗追尊其父真金为皇帝，庙号裕宗，但他就是元朝事实上的第二任皇帝。

元成宗在位十三年，治国中规中矩，还算得上合格的守成之君。但是，在治国的晚年，却干了一件糊涂事，不但导致个人威望大跌，也耗损了巨大的国力，为史家所诟病。

《元史·志第四十二·食货一》中因此说：“成宗承天下混壹之后，垂拱而治，可谓善于守成者矣。惟其末年，连岁寝疾，凡国家政事，内则决于宫壶，外则委于宰臣。”

这是一件什么样的糊涂事呢？

话说，大德四年（1300 年），身居云南的行省左丞刘深，不知哪根神经搭错了线，竟然向成宗上奏道：“世祖以神武混壹海内，功盖万世。皇帝继位以来，未有武功以彰显神武天资，西南夷有八百媳妇国未奉大元正朔，请允许微臣我为陛下征之。”

成宗做守成之君也做得有些厌倦了，他身上有着成吉思汗、忽必烈的血脉，也向往着开疆万里，流芳百世。

刘深的上奏，一下子就撩到了痒处——人家世祖皇帝以神武混同宇内，功盖万世，您登位以来，还没有以丝毫武功来彰显您的神武天资，西南大山深处有八百媳妇国不听话，不该拿它练练手吗？

这里简单说一下，这个八百媳妇国是怎么回事。

它其实是泰国历史上的一个曾经控制泰北地区的王国，也是泰族早期的一个强大的政权，泰文为**ล้านนา**，音译为“兰纳”或“兰纳泰”，所辖地区包括今在泰国北部的清莱府、清迈府、南奔府、南邦府、帕尧府、难府、帕府、夜丰颂府及老挝的沙耶武里省。

这个王国，中国有些史书也译为“勐庸”，意即庸国、庸地。

也不知怎么搞的，刘深把它称为“八百媳妇国”，致使后世一些史学家莫名其妙，如近代人柯劭忞在其所编的《新元史》中理解为：“八百媳妇者，夷名景迈，世传其长，有妻八百，各领一寨，故名。”

“有妻八百，各领一寨”其实只是一种顾名思义的想当然的想法，事实是否如此，已不得而知。

反正，到了明朝，这“八百媳妇国”就被改译为“八百大甸国”。

元成宗以为，八百媳妇国不过是个蕞尔小国，正好拿它捏捏玩。

于是，大德五年（1301 年）正月，发钞近十万锭，以作为军费支持用兵。

刘深得了元成宗的支持，手舞足蹈，屁颠屁颠地率领大军自云南出发，直扑泰北地区。

刘深会如期取得胜利吗？

其实，殷鉴不远，这之前，元世祖忽必烈远征安南的教训就在眼前。

先不说对方凭借山高沟深，占尽地利之便，单说这西南热带丛林中的瘴气和蛇虫，就不容易对付。

可不是吗？史称，刘深“取道顺元，远冒烟瘴，未战，士卒死者已十七八”。

真是可怜，连对方军队的影子都没见到，元军已因疾疫和行军危路伤病减员严重，死掉百分之七八十。

另外，刘深又驱赶民夫在丛林中运粮，“死者亦数十万人”，一时间中外骚然。葛蛮（今仡佬族先民）土官宋隆济、水西（今贵州西北部）土官之妻蛇节不忍其扰，联手起兵反元，一直攻到贵州，干掉了元朝贵州知州，并把刘深所率元军包围于深山穷谷之间。

刘深在荒山野岭里乱撞乱走，总算逃了回来，但沿途被宋隆济所率的土蛮军一路邀击，“士卒伤殆尽”。

败讯传回京师，举朝震骇。

南台御史中丞陈天祥上书痛陈南征八百媳妇国之失，称：“八百媳妇乃荒裔小夷，取之不足以为利，不取不足以为害。”他痛斥“刘深欺上罔下”“丧师十八九，弃地千余里”。

元成宗羞愧难当，但宋隆济和蛇节等人发起叛乱，已势成骑虎，不得不另派出刘国杰及也先忽都鲁等良将率军前往镇压。

还好，刘国杰和也先忽都鲁不负所望，迫降了蛇节、诱杀了宋隆济，平息了叛乱。

但这么一来，因为征讨八百媳妇国，元军弄得鸡飞蛋打、损失惨重。

元成宗也因此不敢再对西南用兵，回头诛杀了刘深，鞭打合剌带、郑祐等人，从而引发出对中书省进行大清洗的事件。

此事，被看成是成宗后期朝廷更政的一个标志。

这之后，没几年，即公元 1307 年，元成宗便得病死了，时年四十二岁。

元仁宗的庙号为“仁”，跟他的一项举措密不可分

元仁宗爱育黎拔力八达原本是与帝位无缘的，但阴差阳错，不但坐上了帝位，还成了有元一代最著名的仁君、明君。

此话怎么说呢？

话说，元朝第二代皇帝元成宗在大德九年（1305 年）曾立第一任皇后失怜答里所生的嫡子德寿为皇太子，但这位太子德寿福薄，在这年十二月就病逝了。

元成宗本人也于这年十月患病，不能视朝，由皇后执政，朝中大事委于右丞相哈剌答孙。

元成宗在病榻上顽强挣扎到大德十一年（1307 年）正月初八，最终还是头也不回地奔阴曹地府而去，享年四十二岁。

皇后卜鲁罕在执政期间，已与左丞相阿忽台及中书省、枢密院里的许多大臣深相结纳，她打算倚重忽必烈的一个孙子、安西王阿难答来临朝称制。

阿难答正想以世祖嫡孙的身份争夺皇位，因此和皇后卜鲁罕一拍即合。

右丞相哈剌答孙秘密遣人通知在漠北的海山和在怀州（今河南沁阳）的爱育黎拔力八达兄弟俩。

海山和爱育黎拔力八达应该比阿难答更具备继承帝位的资格——忽必烈在至元十年（1273 年）立儿子真金为皇太子，真金共有三个儿子，长子甘麻剌、次子答剌麻八剌、三子就是元成宗铁穆耳，而海山和爱育黎拔力八达是答剌麻八剌的儿子。

海山和爱育黎拔力八达兄弟各有特点。

海山长期总兵北边，很得在漠北作战过的诸王将领的拥护；爱育黎

拔力八达雅重儒术，身边聚集着一批汉人士大夫或倾心汉文化的蒙古、色目侍臣。

相较而言，爱育黎拔力八达路近，而海山路远，所以，爱育黎拔力八达抢先赶回京城，率卫军闯入皇宫，捕杀了阿难答、阿忽台等人。

诸王阔阔出、牙忽都等拥爱育黎拔力八达即皇位，但宅心仁厚的爱育黎拔力八达只以监国之名义执掌朝政，另派使者奉玉玺前去边境迎接海山。

那边海山接到哈剌答孙的密报，也立即率军自金山前线东返至和林，召集岭北诸王勋戚大会，诛杀了与阿难答通谋的合赤温后王也只里，然后率大军风雨兼程直奔京城。

回到京城后，海山迅速登位，改元“至大”，是为元武宗。

武宗感激弟弟义让帝位给自己，诏其为“皇太子”兼领中书令，确定了他的皇位继承权资格。

武宗在位不足四年，却实施了许多改革。

他非常慷慨，大范围封官赏赐，在中书省外另立尚书省，兴建中都，推行理财政策，发行“至大银钞”和“至大通宝”，强化海运、增课赋税……

这些改革有好的，有坏的，但好的还没展示出其应有的好，坏的也没有完全呈现其败，元武宗就死了，享年仅三十一岁。

元仁宗爱育黎拔力八达一继位，就全盘推翻了武宗的改革措施。

补一句，元仁宗虽然仁，但也不至于仁到没有底线。

他之前和兄长的约定是：兄终弟及，叔死侄继。

即兄长死了，由他来继位；而等他要死了，就由兄长的儿子来继位。

元武宗死前，其宠臣三宝奴、亲信太监李邦宁都曾苦苦劝他立自己的儿子为帝，但元武宗都不为所动。

但是，元仁宗继位后，立刻杀掉了三宝奴，并逼走了侄儿和世瑓，立自己的儿子硕德八剌为皇太子。

这使得若干年后，元武宗的两个儿子和世㻋、图帖睦尔回来争夺皇位。

话说元仁宗在东宫时，就得汉儒王约用心辅导，登位后，在王约的指点下，成了一代仁君。

四库全书《御批续资治通鉴纲目》卷二十四感叹说："仁宗之善政屡见于史册者，谓非王约辅导于其始可乎。"

仁宗除了废除武宗朝的一切改革，恢复原来的中书省，整顿朝政，惩治地方贪官污吏外，推行"以儒治国"政策，做了许多可圈可点的善政。

其中最受人称道的就是恢复中断了四十多年的科举考试。

早在元世祖至元四年（1267 年）九月，翰林学士王鹗就请行选举法。元世祖下诏中书省与翰林院商议选举程序，到了至元二十一年(1284 年)，已经议定了科举制度为罢免诗赋、重视经学，但随着元世祖驾崩，此议遭到了长时间的搁置。

元仁宗即位后，即在河南江北行省右丞王约的建议下，将"兴科举""著为令甲（法令的第一条）"。

皇庆二年（1313 年）农历十一月十八日（1313 年 12 月 6 日），元仁宗下诏恢复科举。

其诏书称："唯我祖宗，以神武定天下。世祖皇帝设官分职，征用儒雅，崇学校为育材之地，议科举为取士之方，规模宏远矣。朕以眇躬，获承丕祚，继志述事，祖训是式。若稽三代以来，取士各有科目，要其本末，举人宜以德行为首，试艺则以经术为先，词章次之，浮华过实，朕所不取。爰命中书，参酌古今，定其条制！"

这次恢复科举，直到元亡，元朝举行了十六次科举考试（简称"元十六考"），汉族士人重获正常的晋升途径，民族矛盾有所缓和。

 大元帝国诸帝相亲相杀，无比血腥

严格来说，元史并不是蒙古史。

元史只是蒙古史的一部分，指的是从元世祖忽必烈开始到元顺帝妥欢帖睦尔为结束的本土中国史。

即以忽必烈在公元 1271 年改国号为“大元”开始，到公元 1368 年元顺帝逃离大都为止，元朝的时间长度只有九十七年。

让人吃惊的是，这九十七年时间里，有二十四年属于忽必烈的统治时间；有三十六年属于元顺帝的统治时间，在剩下的三十七年时间里，竟然出现有九位皇帝，平均每帝在位时间也就四年多一点，可谓更替频繁，来也匆匆，去也匆匆。

为什么会出现这种现象呢?

皇帝的寿命是一方面，但最主要的原因就是没有制定一个明确的继位制度，而丞相的权力又太大，有行废立之事的能力。

元朝前期的几任皇帝，如元成宗、元武宗、元仁宗，在政权接替上还算顺利，但他们寿命不永，都是在四十岁上下离世。

这一点，包括元成宗的父亲元裕宗、元武宗和元仁宗的父亲元顺宗、泰定帝的父亲元显宗，也都是在壮年突然暴病身亡。

究其原因，是这些来自大漠的汉子生性粗豪，过度沉迷于醇酒美妇之中，身体过早被掏空。

有逸史记元成宗少年时就嗜酒如命，以致身体肥胖，行动困难。他的爷爷忽必烈不得不派多名御医监视他吃食喝酒。元成宗继位后，非常自律，严格戒酒，再也没喝一口。但他的身体在青少年时代已经垮掉，终不免早逝。

元仁宗不爱华服，不喜女色，史书对他的评价很高，说他“平居服御质素，澹然无欲，不事游畋，不喜征伐，不崇货利”，但他对美酒一

项，则是没有半点免疫力，每每鲸吞海饮，酒到杯干，最后死于慢性酒精中毒。

不管怎么说，以上几位，没有死于血光之灾，不算横死。

元仁宗下面这几位，就多死于刀光剑影的夺位战之中。

话说，元仁宗的帝位是元武宗传给他的。

哥俩约得好好的，说这是兄终弟及、叔位侄继——即哥哥元武宗把帝位传给弟弟元仁宗，而元仁宗百年之后，可得把帝位传回给元武宗的儿子。

但元仁宗食言了，即位后的第二年（延佑二年，1315 年）就封元武宗长子和世㻋为周王，让他出兵云南——这就等于是把侄子流放了。和世㻋不爽，走到延安，与关中的蒙古宗臣秘密联系，打算起兵攻打大都，夺回帝位。但他们很快自乱，和世㻋跑往察合台汗国的亲戚也先不花处躲避去了。

和世㻋既然自动消失，元仁宗便再无顾忌，大大方方地册封自己的儿子硕德八剌为皇太子。

前面说了，元朝中间九位皇帝的平均在位时间只有四年多一点，元仁宗在位时间算比较长了，有九年，于公元 1320 年驾崩。十七岁的皇太子硕德八剌继位，是为元英宗。

元英宗自幼学习汉儒典籍，登上帝位后，就发布了《振举台纲制》，重用汉人儒臣，征选人才，裁减冗官，精简机构，行助役法，减轻徭役，英气勃勃，如果不是在突如其来的“南坡之变”中丧命，其治国成就很有可能超过其父仁宗。

这“南坡之变”说的是公元 1323 年八月，元英宗与右丞相拜住自上都（今内蒙古正蓝旗东）北返大都（今北京），途中驻营于南坡店（上都西南三十里）时，突然遇刺——英宗死时只有二十岁，在位四年。

刺杀元英宗的人是谁呢？

很多人都会想是元武宗的儿子和世㻋。

老实说，元武宗的儿子和世瑓也想杀元英宗，但这次刺杀计划真与他无关。

和世瑓对元仁宗、元英宗父子，只有夺位之恨；而参与这次刺杀计划的人，却与元仁宗有杀父之仇。

话说，元朝第二代皇帝元成宗当年驾崩，而他所立的皇太子德寿又已先于他病逝，皇后卜鲁罕于是想立忽必烈的孙子安西王阿难答来配合自己临朝称制。正是元仁宗赶回京城，率卫军闯入皇宫，捕杀了阿难答，派使者奉玉玺前去边境迎接兄长元武宗回来继位，大元皇帝位才在他们兄弟间传承下来。

时间不知不觉地过了十多年，很多人都快要遗忘阿难答这个冤死鬼了。

但阿难答的弟弟按梯不花和阿难答的儿子月鲁铁木儿时刻不能忘，他们勾结了御史大夫兼领皇帝贴身"左右阿速卫"的铁失、知枢密院事也先铁木儿、大司农失秃儿、前平章政事赤斤铁木儿、铁失亲弟弟锁南、枢密院副使阿散、卫士秃满以及索罗、曲鲁不花、兀鲁思不花等几个蒙古王爷，趁元英宗暂驻南坡行殿，刺杀了元英宗，发动了政变。

不过，月鲁铁木儿这一支离帝系太远，而铁失等人当年又参与过策划赶走元武宗长子和世瑓的事，也不可能转立元武宗的儿子来坐帝位。

因此，政变的结果是——拥立甘麻剌的长子晋王也孙铁木儿。

甘麻剌是谁呢？

他是忽必烈的嫡孙、真金太子的嫡长子、元成宗的长兄。

也就是说，晋王也孙铁木儿乃是忽必烈的嫡长曾孙。

就晋王也孙铁木儿本人而言，"成宗、武宗、仁宗之立，威与翊戴之谋，有盟书焉"，他对帝位是非常惦记的。

所以，当铁失他们策划这场政变时，晋王是非常欣喜的，而当刺杀元英宗成功后，他立刻在龙居河（今克鲁伦河）宣布继位，是为泰定帝。

泰定帝登帝位之初，先假模假样地任命给自己送玺绶带的也先帖木儿为中书右丞相，让阿难答的儿子月鲁铁木儿袭封其被杀父亲安西王王爵，任命铁失为知枢密院事，其他人也各有封赏。但等帝位坐稳，就翻脸不认人，把铁失和失秃儿等人杀了个精光，把月鲁铁木儿、按梯不花等参与政变的几个蒙古宗王流放于海南、云南等偏远之地，以此向宗亲和各个汗国撇清自己没有参与弑帝行动。

泰定帝在位五年，“能知守祖宗之法以行，天下无事，号称治平”，致和元年（1328 年）夏，病死于上都，时年三十六岁。

泰定帝一崩，他身边的丞相倒剌沙专权自用，过了一个多月仍然迟迟不立泰定帝的儿子即位。

别忘了，元朝实行的是两都制，泰定帝在上都避暑，死在上都，作为帝国真正政治中心和政治枢纽的大都那边，还有一大摊子事儿。

留在大都的佥枢密院事燕铁木儿是个不安心的主，他“实掌枢密符印”，有调动天下军队的大权，他很久之前是元武宗的心腹，听说泰定帝崩了，既是心怀旧主，又是想居拥立大功，最主要的是不甘于屈于丞相倒剌沙之下为臣，就谋立元武宗的儿子为帝。

元武宗并非只有和世瑓一个儿子——而且和世瑓远居察合台汗国避祸，来不及了。

燕铁木儿利用手中兵权，胁迫大都百官迎立元武宗之子怀王图贴睦尔为帝——当时的怀王图贴睦尔在江陵，比较近。

这样，怀王图贴睦尔即位了，是为元文宗。

远在上都的倒剌沙这才如梦如醒，赶紧与皇后八不罕商量，立泰定帝的儿子、年方九岁的阿剌吉八为帝，改元天顺，是为天顺帝。

这样，在致和元年九月这段时间里，元朝同时出现了两个皇帝。

这两个皇帝都有蒙古宗王和军队支持，互不相让，刀兵相见，直打得血流成河。

打了一个多月，终于分出了胜负：上都方面不敌，丞相倒剌沙“肉

祖奉皇帝宝（印）请死”，全家惨遭处决。泰定帝的儿子天顺帝与其母亲则被秘密杀害。

因为泰定帝、天顺帝父子死后没得到元文宗承认，所以既无庙号也无谥号，后世就以他们的年号来称呼他们。

回头说一下，元文宗虽然在这场争夺战中取胜，心里其实一直没底。

九月十三日，燕帖木儿劝他即位时，他心里非常不安，推辞说：“我大兄（和世球）远在朔漠，我哪敢紊乱帝位的继承顺序呢!”

等到坐上了帝位，还是觉得不踏实，不断对人说：“谨俟大兄之至，以遂朕固让之心。”

等除掉了倒剌沙和天顺帝，也真的派人去迎接大哥回大都登基。

老实说，面对这种天上掉下来的大好事，和世球是不大相信的，担心里面有什么古怪。

朔漠诸王与他相处久了，都希望他真的能当上皇帝，都劝导和催促他上路。

经过好一番催促，和世球总算提心吊胆地上路了。

所幸，他在路上见到的都是“诸王、旧臣争先迎谒，所至成聚”的大好景象。

和世球疑惧渐消，信心大增。

不过，为防万一，他在回到和林时，先半路继了帝位，是为元明宗。

研究元史的人，很多都会把元文宗迎哥哥元明宗回京登帝位的事与当年元仁宗迎哥哥元武宗回京称帝的事来比较，这一比较，就会发现里面是有些区别的。

首先，元仁宗、元武宗是同父同母的兄弟；而元文宗和元明宗却是同父异母兄弟，亲疏程度是不同的。

其次，元仁宗在迎哥哥元武宗回来时并未称帝，只是以“监国”身份行使权力；而元文宗在迎元明宗回来时，已经把生米做成熟饭了，他已经是名副其实的皇帝了。

所以，元明宗回来之后，他和元文宗的关系，绝不可能如当年元仁宗、元武宗兄弟那么友好。

实际上，该年八月四日，元文宗与元明宗兄弟俩在上都附近的王忽察都见面后，仅仅过了四天，一直活蹦乱跳且身强力壮的元明宗突然“暴崩”，时年二十九岁。

看来，还是不够淡定，太过麻痹大意了。

元明宗一死，元文宗迅速在上都宣布复位。

复位后的元文宗享位也只有四年多，公元 1332 年病死，死因同样是酒色过度，年仅二十九岁。

不过，在这四年多时间里，元文宗的文治还是可圈可点的，他组织大量人才编修了长达八百八十卷的《经世大典》，保存了丰厚翔实的元代典章制度；并在京城建奎章阁，招纳大批博学大儒，“日以祖宗明训、古昔治乱得失陈说于前”；还大修孔庙，追封孔子各大弟子为公爵，是元代诸帝中汉化程度最深的。

元文宗崩，他的拥戴大功臣燕帖木儿原本要立元文宗的幼子燕帖古思继位，但此前元文宗曾立长子阿剌忒纳答剌为皇太子——阿剌忒纳答剌刚当上皇太子就病死，元文宗的皇后不答失里迷信，认为自己的儿子不当有帝位，死活不同意幼子燕帖古思继位。

燕帖木儿只好推立元明宗的小儿子、年方七岁的懿璘质班为帝，是为元宁宗。

也许皇后不答失里的判断是对的，元明宗和元文宗这一系本来就不应该享有帝位，因为元宁宗登上帝位才两个月就崩了。

不过，元明宗曾经是一个浪迹天涯、风霜江湖的人，他并不是只有元宁宗一个儿子。

元明宗当年起兵反元仁宗失败，逃窜入漠北，娶了蒙古罕禄鲁氏部的女儿迈来迪，生有一子，名妥欢帖睦尔。

妥欢帖睦尔当年随父亲元明宗回京，元明宗惨遭毒杀后，他被元文

宗远逐于高丽大青岛，后又改徙至静江（今广西桂林）软禁。

元宁宗死，帝位悬空，皇后不答失里不肯让自己的幼子燕帖古思继位，燕帖木儿只好派人到静江迎妥欢帖睦尔回来继位。

妥欢帖睦尔继位后，一不小心，就成了元朝最后一个皇帝，当然，也是元朝在位时间最长的皇帝——元顺帝。

“元顺帝”，那是明太祖朱元璋给他起的一个外号，是“称赞”他在大明王朝兴起之际“知顺天命，退避而去”，他的庙号其实是“惠宗”。

元顺帝是宋恭帝的儿子？真有轮回报应吗？

通过禅让改朝换代，却又残杀前朝君王的恶例始自南朝宋武帝刘裕。

说起来，为登上帝位，残杀最多皇帝的人也是刘裕。

刘裕为东晋权臣时，就先后擒杀了伪楚桓玄、南燕慕容超、蜀国谯纵、后秦姚泓；等要篡位自立了，就杀晋安帝司马德宗，立晋恭帝司马德文继位。等司马德文禅位不足一年，又杀掉司马德文以去心头之患。

刘裕在有生之年，一共杀了六位皇帝，创历史之最。

不过，刘裕杀东晋的皇帝杀得狠，自己的子孙也死得很惨，干干净净，一个不剩。

以后的各朝各代，有样学样，帝位一经禅让，新朝皇帝必杀前朝皇帝。

如南朝宋刘准禅让给萧道成，南朝齐萧宝融禅让给萧衍，南朝梁萧方智禅让给陈霸先，东魏元善见禅让给高洋，西魏元廓禅让给宇文觉，北周宇文衍禅让给杨坚，隋杨侑禅让给李渊等，无一能脱逃被杀噩运，所有的政权交替都在血光中完成。

隋恭帝杨侑禅位给唐高祖李渊，自知难逃一死，怆然发出“我何生于帝王家”之叹。

貌似忠厚敦实的李渊严格遵守前朝游戏规则，鸩杀了杨侑。

到了残唐五代，朱温屠唐，李渊的子孙一个个被人割喉放血，犹如杀鸡宰鹅，惨不堪言。

当然，朱温本人和他的子孙也难逃过历史怪圈，报应落在了子孙身上。

终止毒害前朝皇帝恶例的人是宋太祖赵匡胤。

赵匡胤在一代雄主后周世宗柴荣死后，在陈桥驿自导自演了一场黄袍加身的兵变，夺了后周的天下，建立了北宋。

但赵匡胤对柴荣的后代非常宽容。

周世宗柴荣总共有七个儿子，其中越王柴宗谊、韩王柴宗諴和吴王柴宗诚早年被后汉隐帝刘承祐所杀。四子恭帝柴宗训禅位后降封为郑王，于北宋开宝六年（973 年）病逝。曹王柴熙让不知所终。纪王柴熙谨由北宋大将潘美收养。柴熙诲则被后周开国上将军卢琰收养。

赵匡胤不但没有加害柴荣的儿子，还专门在太庙里立下誓碑，命令子孙为皇帝者，要优待前朝宗室之后裔，且不得滥杀士大夫与上书言事之人，否则天必讨灭之。

从这一点来说，赵匡胤是极有帝王气量的。

这也是为什么《水浒传》里会塑造出持丹书铁券的沧州横海郡好汉小旋风柴荣这么一号人物。

不过，宋太祖赵匡胤人虽好，他的弟弟宋太宗赵光义却不是个东西。

民间猜测，宋太宗赵光义就是在烛影斧声疑案中干掉了哥哥赵匡胤，登上帝位的。

赵光义哄骗无知群众，宣称哥哥是自然死亡，死前有交代，订有“兄终弟及”的继承法则。

但是，他并没有把帝位传给弟弟赵廷美，也没传给赵匡胤的儿子，而是传给了自己的儿子。

赵廷美和赵匡胤的儿子赵德昭、赵德芳都相继神秘死亡。

赵光义杀害南唐后主的手法也特别残忍，用的是毒药千机散。

李后主死时，四肢抽搐蜷缩，最后缩成一个小圆球，痛苦万分。

于是，百年之后，当“靖康之难”的大风暴卷来，人们都说这是一场报应。

赵光义的子孙基本被金国女真人一窝端掉，在北方黄龙府受尽蹂躏、折磨，生不如死。

当时，还有人说，金主吴乞买相貌与宋太祖出奇相似，金兵南下灭宋，是宋太祖转世讨债来了。

这也使得在临安立国的赵光义之后宋高宗赵构心惊肉跳，坐立不安。

赵构没有儿子，在选择接班人问题上，他说，他做了一个梦，梦见宋太祖赵匡胤带他到了万岁殿，看到了当日烛光剑影的全部情景，并说：“你只有把王位传给我的儿孙，国势才可能有一线转机。”

朝臣们经过千辛万苦，找出了赵匡胤的七世孙赵慎。

这样，宋朝的国祚又回到了宋太祖赵匡胤这一脉当中。

奇怪的是，南宋被蒙元所亡，作为宋太祖赵匡胤这一脉的宋恭帝赵显却得到了元世祖忽必烈的优待，没有陷入新旧王朝交替的恶性喋血中。

于是，有人说，这是由于赵匡胤当年优待柴荣子孙积下的厚德。

与之形成鲜明对比的是，大批屠杀北宋王室成员的金朝王室后裔，也被蒙兵大批屠杀，情形和北宋王室当年遭受的“靖康之难”差不多。

不过，最为诡谲的是，世间还有一个“元灭宋而终为宋所灭”的故事。

即宋恭帝在元朝生活得很好，还被元世祖忽必烈招为驸马，将阿尔斯兰汗的裔孙女罕禄鲁公主相许配。

宋恭帝和罕禄鲁公主婚后第二年生了长子普完。

尽管这样，宋恭帝为了消除忽必烈对自己的戒心，主动请求剃度为僧，永脱尘世。忽必烈应允，“赐钞百锭”，遣送他入吐蕃（今西藏）。

宋恭帝入藏后，居住于萨迦大寺（位于今日喀则市萨迦县城内），更名为合尊法师，号本波讲师。

不久，宋恭帝又与罕禄鲁公主奉诏迁居甘州山寺（今张掖大佛寺）。

甘州山寺原名迦叶寺，始建于西夏，又叫十字寺，俗称大佛寺。据说，元世祖忽必烈的母亲唆鲁禾贴尼别吉太后就是在大佛寺生下忽必烈的。

元延祐七年（1320 年），尚未登帝位的元明宗，时为周王的孛儿只斤和世㻋巡行至宋恭帝居住的甘州山寺，恰逢公主夜间生了一个儿子。元明宗无子，得此消息，认为是世祖转世，当即收养此子，赐名妥欢帖睦尔。这个孩子就是后来元代最后一位皇帝元顺帝。

明朝洪武间正和人余应（号虚庵）曾写《遗事歌》一首咏此事，云："皇宋第十六飞龙，元朝降封瀛国公。元君诏公尚公主……"

清人丁传靖编辑的《宋人轶事汇编·少帝》卷中也记，有明朝才子俞应则曾为此写有"虽因浪子失中国，世为君长传无穷"诗句。意思是说，南宋王朝虽被西湖的熏风歌舞所断送，宋恭帝赵显的后裔依然能得到天子之位（指元顺帝）。而明成祖朱棣在得知俞应则的诗后，去观看历代帝王像，感慨道："难怪元顺帝一点也不像元朝的历代帝王，而酷似宋太祖。"

此外，除诸如《宋稗类钞》（清初潘永因编）等明清稗史也都对此事有大致相近的记载外，《元史·顺帝纪》也载："顺帝名妥欢帖睦尔，明宗之长子，母姓罕禄鲁氏，名迈来迪，郡王阿尔斯兰之裔孙也。……及明帝北狩，过其地，纳罕禄鲁氏。延祐七年四月丙寅，生帝于北方。""言明宗在朔漠之时，素谓非其己子。"

《元史·虞集传》中也有提道："明宗在日，素谓太子非其子，黜之江南。"

《续通鉴·元纪二十四》亦归录其文字，载"明宗在日，素谓太子非其子，黜之江南"。

话说，将儿子送元明宗抚养后，公元 1323 年，宋恭帝死于甘州（今甘肃张掖），时年五十四岁。

再说回元顺帝，元顺帝是元朝的最后一位皇帝，也是元朝在位时间最长的皇帝，在位三十六年，荒淫无度，可劲折腾，把元朝江山糟蹋得不成样子。

公元 1368 年八月，当明朝军队逼近北京时，元顺帝主动弃城北逃，两年后（1370 年）病死于应昌府（今内蒙古自治区克什克腾旗西达来诺尔附近），时年五十一岁。

明太祖认为此人识趣，能顺应天命，不拼死固守，遂谥号“顺帝”。

不过，说元顺帝是宋恭帝的儿子还多少让人难以置信，要说“元灭宋而终为宋所灭”，我们宁愿相信元朝是亡于高喊“山河奄有中华地，日月重开大宋天”的元末大起义。这其中，号称宋徽宗九世孙，称小明王、建国大宋的韩林儿所起作用最大。

第四章 元代世风

长埋地下的婚书，反映了蒙古、色目及汉人的真实生活现状

在内蒙古自治区额济纳旗达来呼布镇东南二十五公里处，有一座古城遗址。

该城建于公元9世纪的西夏政权时期，于公元1226年被成吉思汗蒙古军攻占。

公元1286年，元世祖忽必烈在此设“亦集乃路总管府”，从此成了中原到漠北的交通枢纽。

马可·波罗在走向心中的“东方天堂”的过程中，曾经在这儿停留过。

公元1372年，明朝征西将军冯胜带兵讨伐元朝残军，攻至此城，使河流改道、城内水源断绝。

此城也就成了元朝最后一座被攻下的城池。

随后，冯胜下令废弃该城，强迫居民迁徙。

长年累月，风沙最终吞噬了废城。

公元1983年，文物考古研究专家李逸友率领团队对该城进行了全面而系统的考古发掘，得出了不少重要成果，揭示了许多掩埋在历史尘埃中鲜为人知的秘密。

其中，在总管府档案室的房址内出土了大量元代官方文书和私人文书。

这些文书中，有许多契约文书，涉及婚姻、借贷、雇佣、买卖等诸多方面，为元史研究提供了新资料，具有很高的学术价值。

有一件较为完整的合同婚书，格外令人注目。

全文如下：

立合同大吉婚书文字人，领北傀列地面，系太子位下所管军户脱欢等。今为差发重仲，军情未定，上马不止，身缠厥少，无可打兑照期。今有弟脱火赤，军上因病身故，抛下伊妻巴都麻，自为只身，难以独居住坐，日每无甚养济。

今凭媒证人帖哥做媒，说合于亦集乃路屯田张千户所管纳粮军户吴子忠家内，存日从良户下当差吴哈厘，抛下长男一名唤哈立巴台，说合作为证妻。对众眷言定财钱市斗，内白米壹石、小麦壹石、大麦壹石、羊酒筵席尽行下足。

脱欢一面收受了，当择定良辰吉日，迎娶到家，成亲之后，并不欠少分文不尽钱财。如有脱欢将弟妻巴都麻改嫁中，内别有不尽言词，前夫未曾身故慢妹改嫁，一切为碍，并不干吴子忠之事，系脱欢等一面证人无头词。如哈立巴台将伊妻不作妻室台举，罚小麦壹石，如巴都麻不受使用，非理作事，正主婚人罚白米壹石，充官用度。恐后无凭，故立大吉合同婚书文字为用。

至正廿五年十一月初七日。

正主婚人脱欢。

副主婚人巴都麻。

取吉大利，同主婚人塔义儿。

知见人李住哥，同主婚人帖木儿。

透过这份文字拙劣的婚书，我们可以还原出事件原貌。

原本，元朝《通制条格》“户令婚姻礼制”对婚姻有明确法律规定：人伦之道，婚姻为大，但为婚姻，须立婚书，免得争讼；蒙古人不受此限，可以不立婚书；色目人自相婚姻可以从本族风俗。

但是，婚书出现的脱欢、脱火赤、巴都麻、张千户、吴子忠、吴哈厘、哈立巴台七人，前面的三人是蒙古人（现在的蒙古族人中，还有很多人起与这三人相类似的名字，其中的巴都麻之意为“莲花”）；中间两人为汉人，后面两人为色目人。

可见，在实际生活中，蒙古人和色目人为了减少纠纷，也往往订立婚书。

三个蒙古人是岭北哈喇和林地方人（“领北傀列地面”），他们的关系是：脱欢是脱火赤的哥哥；巴都麻是脱火赤的妻子。

脱欢和脱火赤都是太子爱猷识理达腊位下军户（“系太子位下所管军户”）。

脱火赤因病死亡，抛下了妻子巴都麻。

婚书订立于至正二十五年（1365 年），这一年，农民起义的战火燃遍大半个中国。皇太子爱猷识理达腊率领军队平乱，而作为皇太子位下军户，脱欢在“差发重仲，军情未定”的情况下，要随时听从命令上马

出征。

按照蒙古军队的惯例，军人出征打仗的军马、盔甲、武器、口粮等一应盘缠全要自己准备。

脱欢家中困难，一方面，出征的“盘缠厥少”；另一方面，弟弟脱火赤病故后，弟媳巴都麻“自为只身，难以独居住坐，日每无甚养济”。

所以，脱欢想到了一条两全其美的办法：将弟媳巴都麻改嫁他人，既可以让她有一个安身立命之所，也可以换点彩礼钱，作为自己随军出征的盘缠。

脱欢所在的哈喇和林是蒙古帝国的第一个都城，地处漠北；而亦集乃路地处漠南。

根据《马可·波罗游记》里面的记载，二者间有四十天路程，中间要穿过荒凉的大沙漠。

也不知中间都有哪些曲折的经历，巴都麻最终被丈夫的哥哥脱欢带着从漠北走到漠南，改嫁给了素不相识的哈立巴台。

哈立巴台的父亲叫吴哈厘，原来是亦集乃路屯田张千户所管纳粮军户吴子忠家的奴隶——他的名字里的“吴”字乃是主人的姓，后来“从良”，即改变了奴隶身份，成为与其他百姓一样具有自由的普通平民（良民），则他的儿子哈立巴台就去掉了“吴”字。

张千户和吴子忠的名字明显属于汉人。

而由身份结合名字看，吴哈厘和哈立巴台应该是西夏遗留在亦集乃路或者是蒙古大军征服西夏首都等地俘虏的党项人的后裔，属色目人。

我们知道，元朝政策的制订偏向蒙古人和色目人，汉人和南人在法律上受到不平等的待遇。

但是，从这份婚书里，我们却看到，蒙古人脱欢一家生活难以为继；而色目人吴哈厘曾给汉人张千户手下的另一个汉人吴子忠家当奴隶。虽说吴哈厘后来改变了奴隶身份，但仍在吴子忠家“当差”，经济状况并未有很大的改善。

也正是这个原因，吴哈厘死后，“抛下长男”哈立巴台一直娶不到老婆，最终不得不付出三石粮食（“白米壹石、小麦壹石、大麦壹石”）的代价，娶一个素不相识的寡妇。

有意思的是，这份婚书还写明了婚姻一旦出现意外情况，有关人员应该承担的责任。如哈立巴台婚后对妻子不好，“不作妻室台举，罚小麦壹石”；“如巴都麻不受使用，非理作事，正主婚人罚白米壹石，充官用度”；等等。

总之，这是一份婚姻契约文书，真实地反映了平民阶层中的蒙古人、汉人和色目人在现实生活中的社会境况，体现出元朝末年经济凋敝、社会动荡、人心浮动的大时代背景。

埋藏于地下的元代婚姻爱情故事，情节堪比三言二拍

“三言二拍”是明代五本著名传奇小说集的合称，包括冯梦龙创作的《喻世明言》《警世通言》和《醒世恒言》以及凌濛初创作的《初刻拍案惊奇》和《二刻拍案惊奇》。

这五本小说集辑录了宋元明以来的文言笔记、传奇小说、戏曲、历史故事及社会传闻，可谓题材广泛、内容复杂，被称为“现代花边杂志的祖师爷”。

由于“二十四史”记载的是帝王将相的是非成败，罕有平民小百姓生活起居的反映，以至于梁启超在《中国史界革命案》中愤愤而言：“二十四史非史也，二十四姓之家谱而已！”

现代学者要探讨中国古代市民阶层的生活面貌和思想感情，往往会从“三言二拍”中找材料。

谁都知道，“三言二拍”里的故事只是故事，当不得真的。

这应该算是中国史学材料的一个悲哀。

话说，在亦集乃路总管府遗迹中发掘出的《失林婚书案文卷》，寂然无声地记录了一个悲惨的故事，情节堪比三言二拍，却是真实存在的。

故事的主角是年轻女子失林。

失林是元大都人，于元顺帝至正二十二年，即公元1362年，嫁给了商人脱黑尔。

失林的父母认为，脱黑尔属于色目人，社会地位接近蒙古人，在做官、免差、纳税等多方面能得到政策方面的照顾，而且，商人经济条件好，女儿嫁过去不会吃太多的苦。

但是，失林的父母太天真了。

白居易在《琵琶行》中直言不讳：商人重利轻别离，前月浮梁买茶去，去来江口守空船，绕船月明江水寒。

这“守空船”“江水寒”还是轻的，重的，白居易恐怕还想象不到。

这个脱黑尔是个商人中的商人，倒买倒卖惯了，娶了失林后，觉得里面有升值空间，就转手将失林卖给了另一个商人脱黑帖木。

脱黑帖木的生意做得比脱黑尔大，做的是“跨国生意”，不但在大都和岭北行省哈喇之间来回倒卖，还跨越阿尔泰山，到西中亚地进货。

和脱黑尔相比，似乎脱黑帖木更有情义一些。

因为，他主动提出要带着失林一起去进货。

失林却认为这里面可能是一场阴谋。

因为，她感觉不到脱黑帖木对自己的爱。

也许，脱黑帖木是个大骗子，他一旦把她带到了岭北或者阿尔泰山以西的地方，就会当作驱口（奴隶）给卖掉。

在大都，不乏这样的驱口市场。

失林亲眼看见过驱口的悲惨生活——他们不但没有自由，他们的子孙还要继续为奴。

所以，失林坚决拒绝跟随脱黑帖木到岭北去。

脱黑帖木没办法，就把失林转卖给了另一个商人阿兀为妾。

阿兀该年三十岁，是亦集乃路礼拜寺教士所管的包银户，资产比脱黑帖木这个“国际商”雄厚得多，家里有妻有妾，还有两男一女三个驱口。

两个驱男是亲兄弟，哥哥叫答孩，弟弟叫木八剌。

驱妇的名字叫倒剌。

这三个驱口主要是为阿兀的妻子服务的。

阿兀家大业大，却也得经常为生意上的事奔波。

至正二十二年（1362 年）三月，阿兀到岭北做买卖去了。

独守空房的失林结识了邻居闫从亮。

闫从亮原来是陕西行省巩昌府巩西县所管军户。至正十九年（1359 年），反元起义军攻破巩昌城，闫从亮为躲避战乱，辗转来到了亦集乃路，制造马用的油皮鞴出售，成了失林的邻居。

失林家和闫从亮家共用门前的一口井。

在来往打水、洗衣服、洗菜等过程中，失林和闫从亮有了接触，两人慢慢地熟悉了起来。

失林被转卖到人生地不熟，并且离娘家大都有三四千里远的亦集乃路，单身孤寂，跟前连个说话的人都没有——即使阿兀在家，他也是经常对失林进行打骂，还放话说要把失林当驱口卖掉。

认识闫从亮后，失林把他当成了知心人，常常向他倾诉自己的不幸和吐露心中的烦恼。

闫从亮的寂寞孤单也不比失林少。

两人年纪相同，都是二十四岁，一来二去，互生情愫，好到了一起。

当然了，两人渴望的并非眼前的苟且，而是天长地久。

作为一个闯荡过江湖，见过些世面的人，闫从亮想出了一条可以让两人厮守到白头的妙计：即由失林把她与阿兀的婚书偷出来烧掉，然后向官府告状，就说阿兀把良家女子失林作为驱口对待，等官府判阿兀与

失林分离后，他就光明正大地娶失林为妻。

失林认可了此计，并大起胆实施了行动。

不过，失林不识字，她把阿兀存放在家里小木匣的三份文书一起偷出，让闫从亮挑出其中的婚书。

至正二十二年十一月二十三日过午，闫从亮到井上打水，失林把偷出的三份文书一起交给了闫从亮。

但闫从亮也不识字，这就为难了。

怎么办？

活人不能让尿给憋死。

闫从亮硬着头皮，拿着三份文书到街上找了一个名叫帖木儿的史外郎识读。

史外郎看完后，告诉闫从亮，这其中一份是失林的婚书，另外两份是买驱口木八剌、答孩和倒剌的文书，并顺口问了一句：这三份文书是哪里来的？

闫从亮撒了个谎，说是在东街等着买柴火时捡到的。

好心的史外郎就告诉闫从亮，说："此是人家有用的文字，休要毁坏。"

二十七日，闫从亮把买驱口的两份文书交还给了失林，并约她晚上到自己的住处商量事情。

晚上掌灯时分，失林如约而至。

闫从亮从房檐下取出婚书，经过再三商议，两人共同将婚书投到灶内烧成了灰。

二十九日，到岭北做买卖的阿兀回来了！

也真是巧了。

阿兀在大街上遇到了史外郎。

好心的史外郎告诉阿兀，曾经有人找他看过他与失林的婚书，以及他买驱口的两份文书。

阿兀马上有种不祥的预感。

回家捧出红木匣一看，里面的文书已不翼而飞了。

阿兀勃然大怒，一迭声唤来失林，喝问里面的文书哪里去了？

失林事前虽然想过千百种应对方式，但事到临头，还是乱了阵脚，颤抖着手，从铺盖里取出两份文书，还如实交代，说：这三张纸我还给了邻居闫从亮看，但他只还回了这两张。

阿兀又不傻，看少了的是失林的婚书，立马知道这对狗男女肚子里的小九九。他拿着剩下的两份文书急急忙忙地去找在官府做事的徐典。

在城外西南角的礼拜寺，阿兀遇上了徐典。

徐典给出的建议是：把此事告官。

亦集乃路官府办案效率很高。

阿兀起诉时间为十一月三十日，案件结案时间是十二月初九。从上诉到审理结束仅用了十天时间。

总管府官员根据刑房呈报的文件，把原告阿兀、被告闫从亮、证人史外郎和失林都带到衙门。

失林和闫从亮都供认不讳。

最后，官府断决责笞失林四十七下，由阿兀带回严加看管；对闫从亮的判决结果因文字缺失，无从得知。

事实上，此时的元朝政府已风雨飘摇。

这之后的六年，明军攻占了元大都，再过三年，冯胜攻破黑城，放火毁城，彻底废弃了亦集乃路。

而失林和闫从林的命运如何，历史再没留下任何只言片语，却提供给了读者无限的想象空间。

马可·波罗撒下弥天大谎，骗过天下人，却赢得巨大声誉

关于马可·波罗，官方说法是，他是一个富于冒险而又不乏浪漫情

怀的意大利旅行家、商人，曾在公元1275年到达元朝大都（今北京），拜见了当时的元朝皇帝忽必烈，担任了元朝官员，在中国生活了十七年，游历了中国的许多地方。回国后，由他口述、朋友鲁斯蒂谦执笔，写下《马可·波罗游记》一书。此书面世，风靡一时，激起了欧洲人对东方的热烈向往，对以后新航路的开辟产生了巨大的影响。马可·波罗也因此成了蜚声中外、史册垂青的世界级旅行家。

事实也的确如此。

公元16世纪的意大利收藏家、地理学家赖麦锡就说，马可·波罗的《马可·波罗游记》诞生仅仅几个月，就在意大利境内随处可见，并被翻译成多种欧洲文字，广为流传。

现在，《马可·波罗游记》已有一百多种文字版本，称得上世界级别的作品。

关于这部作品的意义，西方研究马可·波罗的学者莫里斯·科利思说，“（它）不是一部单纯的游记，而是启蒙式作品，对于闭塞的欧洲人来说，无异于振聋发聩，为欧洲人展示了全新的知识领域和视野。这本书的意义，在于它导致了欧洲人文科学的广泛复兴”。

这本书之所以能产生这样巨大的效应，主要归功于马可·波罗在书中撒下的弥天大谎。

公元13世纪之前，中西交往只停留在以贸易为主的经济联系上，缺乏直接的接触和了解。欧洲对中国的认识，主要停留在口耳相传的传说上，对中国的认识和了解严重不足。《马可·波罗游记》用神话笔法描画出了一个东方世界，声称中国“黄金遍地，香料盈野”，迅速激起了欧洲人对中国的热烈向往。有人根据书中描述，绘制了早期的“世界地图”；有人根据这“世界地图”研究新航路，诸如哥伦布一类的航海家、探险家更是把向往转化为行动纷纷东来。

哥伦布在西班牙国王的资助下，接连进行了几次远航，到达了中美和南美的东北角。当时，哥伦布以为他所到达的地方就是亚洲的海滨诸岛，以为墨西哥就是马可·波罗书中所说的中国的杭州，又把古巴岛当作日本，并登岸四处寻问有无黄金……

哥伦布虽然没有到达中国，但他意外地发现了美洲大陆，开辟了由欧洲到达美洲的新航线，成就了不世伟名。

马可·波罗在世之日，众多的航海家、探险家都没能成功抵达中国。因此，有人对马可·波罗在书中的说法产生了怀疑。

马可·波罗临终之前，教父要求他为了灵魂可以上天国，承认他自己在书中撒了弥天大谎。马可·波罗却断然拒绝，说："我所说的一切都是真的，而且，我还未曾说出我亲眼看见的事物的一半！"

马可·波罗去世后不久，在威尼斯每年一次的嘉年华会上，有人装扮成小丑，自称马可·波罗，专门表演一些夸大引人发笑的东西。"马可·波罗"因此成了"不诚实、吹牛"的代名词。

不过，《马可·波罗游记》所记述的许多事物又历历如画，非亲历者不能说出。

比如说，马可·波罗说他从威尼斯到中国的路线，是经地中海、小亚细亚，穿越西亚的两伊地区、中亚的阿富汗，到达中国的新疆地区，走丝绸之路南道，由喀什到敦煌，然后经河西走廊、宁夏、内蒙古，到上都（今内蒙古自治区正蓝旗），由上都到北京。

又比如说，马可·波罗说他奉元朝皇帝忽必烈的指派游历中国西南地区，是从北京经河北、山西、陕西、四川、西藏东部到云南，由云南再到缅甸、越南，然后回到云南，经四川等地。

再比如说，马可·波罗说他的回国经过，是从北京经河北、山东、江苏，到浙江杭州，由杭州继续南行，经福州到福建泉州，然后从泉州航海归国。

对于航海归国这件事，马可·波罗说，公元1289年波斯国王阿鲁浑的元妃去世，阿鲁浑派出三位专使来元廷求婚。忽必烈选定阔阔真为元室公主。当时，他就趁机向忽必烈大汗请求参与护送任务，以便在完成

使命后，可以顺路归国。就这样，公元1292年春，他随三位使者护送阔阔真公主从泉州起航出海到波斯成婚后，于公元1295年回到了意大利。

忽必烈嫁阔阔真公主的事情，还有种种中国各地见闻的叙述，如忽必烈的生日、元朝的庆典及狩猎、元朝在东北和西南地区的战争、阿合马被刺事件、大都与行在（今杭州）的高度繁荣、镇江的基督教教堂、中国各地的物产、宗教、风土人情等，绝对不是靠道听途说，或者想象可以写得出来的。

人们在半信半疑中，也没有放弃对东方世界的探访，最终开启大航海东西方航线。

从这一点上说，是马可·波罗丰富了欧洲人的地理知识，促进了地理学的发展。

英国学者约翰·拉纳在《马可·波罗与世界的发现》一书中盛赞马可·波罗开拓了东方文明。

不过，马可·波罗在《马可·波罗游记》中撒的弥天大谎也很快被揭穿。

因为，中国并没有“黄金遍地，香料盈野”！

此外，马可·波罗在书中所撒的谎言也随处可见。

公元1965年，德国学者福赫伯在一篇报告中说，马可·波罗把思玛因向忽必烈进献抛石机的功劳记在了自己的头上，而据史料记载的时间他当时还在去中国的途中。另外，中国史籍上没有任何马可·波罗在扬州当过官的记录，显然是马可·波罗在游记中为了炫耀和吹嘘自己，夸大了许多东西。

话说回来，也正是马可·波罗的吹嘘、夸大其词，这才引起了人们对东方的向往，他们才会这么不遗余力地向东寻访中国，从而加快和促进了中西交通和文化交流。

从这一点上来说，马可·波罗功不可没。

摩洛哥人在元顺帝时代的旅途见闻

在我们的想象里，古代科技生产水平低下，交通基本靠走，通信基本靠吼，治安基本靠狗。

那么，那些因为种种原因不得不离家外出的人，他们的旅途就会充满种种艰辛、充满种种孤寂、充满种种落寞，甚至充满种种险恶。

不是吗？

我们读流传于世的众多诗词作品，那些游子漂泊四方的抒怀作品，永不褪色；那些断肠人在天涯的画面，历久弥新。

这里面有“日暮苍山远，天寒白屋贫”，也有“移舟泊烟渚，日暮客愁新”，还有“客舍并州已十霜，归心日夜忆咸阳”，更有“夜寒茅店不成眠，残月照吟鞭”。

唐代戴叔伦的那首《除夜宿石头驿》，更是写尽了羁旅的孤苦和愁闷，诗云：

> 旅馆谁相问，寒灯独可亲。
> 一年将近夜，万里未归人。

想想看，年夜将近，万里未归，独处旅馆，只得寒灯相伴，那真是气塞肠断，愁杀万千游子。

但这种孤苦和愁闷，并不是古代游子的全部。

话说，元顺帝当政期间，有一个名叫伊本·拔图塔（也译白图泰）的摩洛哥（宋元汉籍载称默伽腊国）人，其喜欢周游世界，最先到麦加朝圣，后来游历了阿拉伯半岛、波斯各地，最后在印度的德里定居了八年。公元1242年，奉德里算端之命随元朝使臣来中国，从泉州登陆，北

上大都，在中国游历了三年多，大开眼界，并有《伊本·拔图塔旅行记》一书传世。

《伊本·拔图塔旅行记》里，有一段详细记载了他在当时中国旅馆享受到的周到服务。

现在酒店、旅馆，都非常喜欢使用“宾至如归”这个词语。

这是一个非常古老的词语，出自《左传·襄公三十一年》，里面记“宾至如归，无宁灾患”。

当时，周王说这句话，是要求宾馆按照“宾至如归”的标准来接待晋国使者，意思是让宾客住进旅馆里，就像回到了自己家，那他们就不会给我们带来什么灾患了。

这之后，“宾至如归”就成了中国旅馆业通行的行规和服务的最高境界。

拔图塔来到中国，迅速体验到了这种“宾至如归”的感觉。

为了使客人住进旅馆就像回到了自己家，只要是客人能想得到的、合理的、需要提供的服务，旅馆业都竭力提供，以让旅客满意。

客人出门在外，随身携带的贵重物品不是难以保管吗？

旅馆负责帮助保管，双方清点好物资，签字画押，失一赔十。

旅馆原本是提供饮食服务的，但旅客不是想拥有家的感觉吗？行，您也可以亲自下厨、亲自动手，来一桌比现代餐饮业里更纯粹的“自助餐”。

旅客新来乍到，对该地方不熟悉，有货物要销售，或有东西要购买，旅馆也提供服务，不但代购、代销，还经常代付。

前面不是说了吗？古代交通不便利，人们出行主要靠步行或人力、畜力车，出一趟远门历时数月甚至数年是常有的事。

旅馆的代购服务里也包含有“代购”女人这一项，为的就是让旅客真正拥有“家”的感觉。

《伊本·拔图塔旅行记》里记：“客人有欲蓄妾者，主人代为购婢做妾，给室以二人居，费用由主人临时代付。”这里说的“主人”即为旅馆老板。注意，古代蓄妾并不违法，蓄妾者可以将妾带回家，也可以不带，变“购”为“租”。

由于“租妾者”的数量远多于“购妾者”，所以，旅馆老板干脆就安排一批愿意卖身做妾的女子住在旅馆附近，甚至直接让她们住在旅馆里面。

明张岱在《陶庵梦忆》中记载他在山东泰山进香时所见的此种情形，为“再近则密户曲房，皆妓女妖冶其中”。

所以，古代有钱人，那是非常乐意出远门的，他们直呼“长江两岸娼楼多，千门万户恣经过。人生何如贾客乐，除却风波奈若何”。

有人也许会说，既然出门主要目的不是经商做买卖，而是为了寻找“宾至如归”的艳遇和刺激，就不是什么“贾客乐”了，干脆叫“旅馆乐”得了。

不要以为“旅馆乐”这三个字新颖别致，其实和现在人们经常提到的“旅游度假村”或“旅游度假酒店”是同一意思的。

中国古代是真有大型旅游度假酒店的。

还是张岱《陶庵梦忆》里提到的泰安州客店，就是这样一个大型旅游度假酒店。

现代旅游度假酒店会设有大型停车场，古代的交通工具是驴马，泰安州客店设有“驴马槽房二三十间”，可容纳二三百匹驴马，可知客流量之大。

现代旅游度假酒店设有前厅部，泰安州客店也设有，“投店者，先至一厅事，上簿挂号”，即客人入住要先到前厅部办理相关手续。

店里分开不同等级的客房，“店房三等”，以满足不同的客人的需求。

店里的餐饮部发达，“庖厨炊灶亦二十余所，奔走服役者一二百人”。

对于登山烧香、娱乐的游客，酒店提供免费的午餐打包盒，“在山上用素酒果核劳之，谓之‘接项’”。

酒店自身安排的娱乐节目也繁多，“计其店中，演戏者二十余处，弹唱者不胜计”，游客“下山后，荤酒狎妓惟所欲”。

张岱因此感叹说：“若上山落山，客日日至，而新旧客房不相袭，荤素庖厨不泪混，迎送厮役不相兼，是则不可测识之矣。”

文末还特别提到，像这样的大型旅游度假酒店，泰安一州还有五六所。

明朝官员于慎行在万历九年登泰山时，在《登泰山记》一文中，更记下了每年三四月游客高峰期的盛况：“若在三四月间，五方士女，登祠元君，以数十万，夜望山上篝火，如聚萤万斛，左右上下蚁旋鱼贯，叫呼殷振鼎沸雷鸣，弥山振谷，仅得容足之地以上。”

毫无疑问，这数十万游客中远道而来的大部分，就由张岱提到的泰安州的六七所旅游度假客店来接待，从其庞大的接待能力，可以间接推想其规模之巨。

所以说，不要小看古人，现代人的很多自以为新颖的生活方式，其实都是古人玩剩的。

前朝皇帝的头骨被做成酒杯，在元帝手中代代相传

中国人讲究的是入土为安，不论贵族还是平民，都希望死后能远离世间纷争，长息于地下，永远不受打扰。

但是，一个人若在世间作恶太多，很可能享受不到这样的待遇。

比如说春秋时期的楚平王，残杀了伍子胥一家。伍子胥逃亡吴国，借助一把鱼肠剑和刺客专诸把公子光扶上了王位，即吴王阖闾，并辅佐阖闾成为一代霸主，击败楚国军队，攻入了楚国都城。这之前，楚平王已寿终正寝，厚葬于地下。伍子胥为泄数十年来的怨气，撬开楚平王的坟墓，挥动钢鞭鞭尸三百，左脚踩其腹，右手挖其眼，怒吼道：“是谁让你听信谗谀之言杀我父兄的？你也有今天！”

伍子胥鞭尸之举，可谓惊天动地。

话说回来，楚平王惨遭鞭尸，可谓自作自受，但历史上却有很多人一世行善，未尝为祸于任何人的，却遭到了比楚平王还惨的待遇，可谓冤哉。

其中，最突出的，莫过于南宋理宗皇帝。

南宋理宗皇帝原名赵与莒，是宋太祖赵匡胤之子赵德昭的十世孙，皇室贵胄，金枝玉叶。可是，自北宋太宗赵光义在“斧声烛影”中窃取了政权，宋太祖赵匡胤的血脉子孙迅速衰败，又兼经过“靖康之难”的摧残，已经全部彻底沦落成了平民。

不过，南宋开国皇帝宋高宗晚年无子，重新找宋太祖赵匡胤的后裔子孙继承帝位，则宋太祖赵匡胤这一脉方才兴盛起来。

但赵与莒也不过属于宋宁宗的远房堂侄，居住于绍兴府山阴县虹桥农村，无人相识。

宋宁宗晚年无子，机缘巧合，赵与莒被权相史弥远选中入宫，继承了帝位。

宋理宗治国，“四十一年之间，日恒月升，谨终如始”，天下粗安，总体还不错。甚至在端平年间的更化改革“俨然中兴景象”。

特别值得一提的是，宋理宗出身于平民，深味生活的艰辛，关心孤幼的生活，创立了世界上最早的官办孤儿院——慈幼局。

这样一个基本上是人畜无害的皇帝，死后却遭受人间奇祸。

南宋灭亡后，元朝妖僧杨琏真伽盗掘南宋皇陵，把理宗尸体从陵墓中拖出，倒悬于陵前树林中以沥取水银，并把理宗头颅割下，镶银涂漆，做成盛酒器具，献给了帝师八思巴。

八思巴听说这酒具是南宋皇帝脑壳做的，视若奇珍，借花献佛，郑

重其事地进献给了忽必烈。

忽必烈欢喜不尽，日日以之盛酒豪饮，并将之传之后世。

这样，理宗的脑壳被元朝皇帝代代相传，一直传了九十年！

公元1368年，明军攻占北京，朱元璋缴获了这个酒具，大为叹息，以帝王礼葬于应天府（今江苏南京），次年又改归葬于绍兴永穆陵旧址。

高丽王位在蒙古元朝的干涉下，更替如同儿戏

唐末乱世，中原进入五代十国的烽火时代，山河动荡，大旗变幻。

原籍太原、定居朝鲜半岛的汉人王建于公元918年建立高丽国，公元936年统一朝鲜半岛。

高丽国刚成立时，沿袭中原皇室制度，国王自称“朕”，下达的命令称为“诏”，国王的继任人称“太子”，国王的母亲称“太后”，首都的皇宫被称为“皇城”。稍为不同的是国王被称“陛下”外，也称“海东天子”或为“大王”。

中原五代十国结束后，统治北方的先是辽国，后是金国，这段漫长的岁月里，高丽国算是自由的。

但蒙元灭掉了金国、南宋，完成了中原大一统，高丽不得不乖乖向蒙元称臣。

高丽元宗为了保住王位，请求与元朝联姻，元世祖答允了他的请求。

此后，元朝皇帝或王室成员之女嫁与高丽国王便成为一种例制，蒙古公主成为元朝的代理人，在高丽拥有高于国王的权力。

元朝皇帝是高丽国王的岳父，高丽国王成为元朝的驸马。高丽国王与元公主所生之子由元朝指定立为世子，日后再成为国王。

这样，高丽政权就掌握在元朝手中。

公元1275年，高丽忠烈王被元朝册立后，从元大都返回开城即位，不再自称朕，改称孤，陛下改为殿下，太子改为世子，庙号制度也从元宗后废止。

高丽国王成了一个拥有双重身份的人，既是元朝的地方官，又是高丽国的国王。

元朝统治者并没有强迫高丽改变其本国习俗，但高丽统治者为了表忠心，主动改换蒙古服饰，屁颠屁颠地梳剃起蒙古发式，高丽百姓也不得不跟着效仿。

另外，从忠宣王开始，高丽国王大多有蒙古名字。忠宣王的蒙古名叫益智礼普化，忠肃王叫阿剌讷忒失里，忠惠王叫普塔失里，恭愍王叫伯颜帖木儿，等等。

这里，说说忠惠王普塔失里的不平常遭遇。

忠惠王普塔失里本名王祯，是忠肃王阿剌讷忒失里（本名王焘）的儿子，在当世子时，到元朝朝觐，很得元朝右丞相燕铁木儿的欢心。

在燕铁木儿的运作下，王祯于公元1330年被元朝册封为高丽国王，在元大都接受了高丽王金印，娶元朝镇西武靖王的女儿亦怜真班即德宁公主为妻。

王祯回国，王祯的父亲王焘就当不成国王了，苦巴巴地到元大都朝拜。

可是，王祯的王位还没坐稳，第二年，有人在元朝廷诬告王祯，说高丽与辽阳行省密谋叛乱，拥立太子妥欢帖睦尔（成吉思汗的八世孙）为帝。

于是，一道诏令从元大都发出，王祯被解除高丽王位，并火速到元大都听候发落，而其父王焘则回国复位。

此事，搞得王焘父子不知所措。

王祯回到元大都，虽然没受到大的惩罚，但亲信金天祐、卢世瑞等人被流放到海南。

为什么会出现这样的变故？

原来，喜欢王祯的燕铁木儿死了，接任右丞相的是燕铁木儿的死对头伯颜。

伯颜不喜欢王祯，于是就略施小计，撤了王祯的国王之职。

王祯丢了国王之职，但在元大都混得还是不错的，生活有滋有味。

伯颜左看右看，看王祯不顺眼，斥之为“泼皮”，上奏朝廷说：“祯无行，恐累圣德，不宜宿卫”，要求把王祯驱逐出元大都。

公元1336年年底，王祯在漫天风雪中被驱逐出了元大都，恓恓惶惶地回了高丽国。

王祯的父亲王焘年老病死，立遗嘱把王位传给王祯。

王祯遵照父亲的遗嘱，在高丽即位。

但伯颜坚决反对，不安排册封，则王祯的王位就名不正、言不顺，相当尴尬。

这还不算，伯颜又以王祯强奸妇女为由，命人将他押送到元朝。

不过，作为一代权臣，伯颜虽然予杀予夺，飞扬跋扈，但他的最终归宿也不好。

元顺帝不甘受伯颜挟制，利用伯颜的侄子脱脱发动政变，将伯颜贬黜流放。

这样，王祯才得以回到高丽复位。

这是王祯第三次登上王位了，但这还不是最终的结局。

公元1343年十一月，元朝大臣朵赤等六人出使高丽，王祯身体患病，礼数不周。元朝天使震怒，与驻高丽的行省官员把王祯及其一帮亲信捆绑起来，押送回元大都，罪名是对元朝不恭，且“贪淫不道”“剥民已甚”。

那么，王祯是不是真的“贪淫不道”“剥民已甚”，就不得而知了。

搞笑的是，朵赤押送王祯经过肃州。王祯晚上睡觉时觉得有点冷，就向肃州太守安钧要一床被子取暖。这个安钧，平日逢迎巴结王祯，这会儿看王祯已是阶下囚，就落井下石，向朵赤告状说：“国王因为贪婪淫荡而犯罪，现在还敢勒索我的被子，讨厌！”朵赤一听，气不打一处来，拎起一把铁尺朝安钧劈头盖脸就是一阵乱打，边打边骂：“你能当到太守的官职，还不是国王任命啊？现在他觉得冷了，向你要床被子你都不给，你还是人吗你！”安钧被打得嗷嗷直叫，心里那个懊悔啊，直呼元朝天使实在是天威难测，自己拍马屁给拍马蹄上了。

王祯被押到了北京，元顺帝也没太多精力过问他的事情，直接发配他到广东揭阳。

而高丽臣子，一个个都是安钧之流。本来连同王祯一起被押送来的还有他的一帮亲信，但这些亲信被判处没事，立刻拍拍屁股溜了，没一个人肯跟随王祯到揭阳去。

公元 1344 年，众叛亲离的高丽忠惠王王祯，走到湖南岳阳，寂寂无闻地死了，时年三十六岁。

据说，王祯的死讯传回高丽，高丽人竟“无闵之者”。

不过，饱受反复折腾的王祯也没耽误生子，他和德宁公主亦怜真班生有儿子王昕和女儿长宁翁主。

王祯死了，元顺帝便册封只有八岁的王昕为高丽王，由德宁公主垂帘听政。

德宁公主壮年丧夫，难忍寂寞，与居中裴俭和康允忠勾搭成奸。但德宁公主是元朝的公主，谁敢说三道四？

公元 1348 年，王昕病死。继承王位的人选有王祯母弟江陵大君王祺和王祯的庶子庆昌院君王眡。

王祺是成年人，王眡只有十二岁。

在德宁公主看来，当然是只有十二岁的王眡好操控。

于是，次年二月，元朝册封王眡为高丽王。

但和王昕一样，冲龄继位的王眡在位不足数年也夭折了。

没奈何，公元 1351 年，元朝被迫册立王祺为高丽王。

王祺虽是成年人，但在强势的德宁公主面前仍是没有说话的份。

直到二十多年后，即公元 1375 年德宁公主去世，王祺才掌握了政权。

但是，高丽国败亡在即，任谁也无法改变结局了。

第五章　元世文化

元朝“宽仁”吗？朱元璋为什么会说“元以宽仁失天下”？

朱元璋的确说过类似于“元以宽仁失天下”之类的话，而元朝也的确是“宽仁”。

有众多史料可查，“元政宽纵”的说法属实不虚。

其“宽仁”主要表现在吏治宽松、政简刑轻、文化多元、不抑兼并、重商轻税等各方面。

不多说了，直接上干货。

至元四年（1338 年）三月，元顺帝命中书平章政事阿吉剌根据《大元通制》编定第三部法律《至正条格》，该书序言中赫然自称“我元以忠质治天下，宽厚得民心”。

如果说，这只是统治者的自吹自擂，可以对比一下元末文人叶子奇所著《草木子》一书中关于元朝统治的评价。

该书称：“自世祖（指元世祖忽必烈）混一之后，天下治平者六七十年。轻刑薄赋，兵革罕用，生者有养，死者有葬，行旅万里，宿泊如家，诚所谓盛也矣。”这真是一派安定祥和的景象。

如果说孤证不立，再看与叶子奇同一时代人丁鹤年所写的《送月特郎定江浙赋税还大都》，其颂称“力役均平赋敛轻，去者讴歌来鼓舞”，大赞元朝的安乐景象为“生逢舜日当尧天，经营内外皆英贤。八十衰贫百无补，茅檐击壤歌丰年”。

甚至，推翻了元朝统治的明太祖朱元璋也承认“元政宽纵”。

《明太祖宝训》中记载有朱元璋说过的原话：“朕观元朝之失天下，失在太宽。昔秦失于暴，汉兴济之以宽，以宽济猛，是为得之。今元朝失之于宽，故朕济之以猛，宽猛相济，惟务适宜尔。”

朱元璋说这句话的背景，主要是想表达自己实施“猛政”“重典”是在“惩元之弊”。

明初大臣刘基、宋濂等人也同样认为元朝太过“宽仁”。

宋濂主修《元史》中屡有提道：“元初，取民未有定制，及世祖立法，本于宽。”

说到这里，有人也许会问了，秦施暴政而天下乱，这一点好理解，但元施宽政为什么也会引发天下大乱呢？

《元史》里其实也做了解释：“元之刑法，其得在仁厚，其失在乎缓弛而不知检也。”

即施政太过“宽仁”，对人民没有形成有效的约束，从而纵容了动乱的暴发。

叶子奇的《草木子》解释得更清楚：“是时，天下承平已久，法度宽纵，人物贫富不均，多乐从乱。”

贫富不均，是古代任何一个朝代也难于消除的现象，法度既宽，难免就会发生贫者仇富、抢富、劫富、掠富等现象。一旦这些现象没遭受到像样的惩处，类似恶性事件就会愈演愈烈。而当有野心家参与其中，煽动起民族情绪，其所产生的破坏力是相当惊人的。那么，元朝在中原统治的崩盘，那就见怪不怪了。

朱元璋颁发伐元檄文的时候，也并没有拿元朝的政治说话，只说“元以北狄入主中国”“实乃天授”，承认“元世祖肇基朔漠，入统中华，生民赖以安靖七十余年”，甚至称赞元朝“与民为主，传及百年”“强不凌弱，众不暴寡，在民则父父子子夫夫妇妇，各安其生”。

想想看，朱元璋出生于赤贫之家，父母死时连葬身之地都没有，可谓历经风霜。

但他在讨伐元朝的时候，并没像骆宾王发《讨武曌檄文》那样，大曝讨伐对象之罪，反而为之“唱赞歌”，这难道不是非常奇怪的事吗?

原因只有一个：“元政”实在太过“宽纵”，拿这个点说事，激发不起民众同仇敌忾的斗志。

事实上，朱元璋对自己早年的悲惨境遇主要是归咎于天灾人祸和世道的不公，对元朝，他是感恩怀念地说“朕本农家，乐生于有元之世”。

还有，因为元朝“政宽、刑轻、赋薄”，所以，元末出现了很多协助元朝平定暴乱的义军，如察罕帖木儿、陈友定、杨完者、李思齐等，这些人都是主动毁家纾难，招兵买马，以维护元朝统治的。

李则芬因此在《元史新讲》中提道：“元代军队数量比其他朝代少，又因承平日久，到了末年，已经丧失了战斗力。顺帝至正间，各地的戡乱战役不分南北，全靠当地人民自动组织及政府号召征募的义军替朝廷卖命。”

另外，元末殉难的儒士也很壮烈，如江西行省参政刘鹗被反元义军擒获后，宁死不降，绝食六日而亡，还写下绝笔诗昭著后人：“生为元朝臣，死为元朝鬼。忠节既无惭，清风自千古。”

另一文士王翰拒绝朱元璋的招安，声称“义不仕二姓”，自杀身亡。

没有殉难的名儒，因为眷恋和怀念前朝，也多不愿出仕新朝，如李祁、郑玉、陈亮、戴良，等等。

说了这么多，有人会问，元朝的“宽仁”到底“宽仁”到什么程度呢？

还是举个例子吧。

最能反映元朝“宽仁”政策的，无非在于其对刑法的态度。

元世祖忽必烈曾经说：“人命至重，悔将何及，朕实哀矜。”“朕治天下，重惜人命，凡有罪者，必命对再三，果实而后罪之。”

即元朝的法律原则是“慎刑”“慎杀”。

怎么“慎杀”法呢？

一句话，元朝的死刑犯，累经各级衙门审断后，极少有能够执行的！

叶子奇的《草木子》曾描述说：“天下死囚审谳已定，亦不加刑，皆老死于囹圄”，以至于“七八十年之中，老稚不曾睹斩戮”。

这在中国古代历史上，绝对是一个奇特的现象。

《元史·刑法志》感叹说：“盖古者以墨、劓、剕、宫、大辟为五刑，后世除肉刑，乃以笞、杖、徒、流、死备五刑之数。元因之，更用轻典，盖亦仁矣。”

话说回来，元朝为什么会出现“宽政”呢？

主要与草原旧制有关系。

蒙古草原旧制原本的治理制度是很简单的，进据中原后，既缺乏全面系统的社会经济政策，也缺乏充足且合格的吏治人才，于是元朝帝王就干脆做甩手掌柜，不问政事，交由“家臣治国”，最终导致吏治不清、反贪无力、行政效率低下，政治宽松。

现在很多人之所以会感到元朝统治黑暗，主要是明中叶以后，明朝长期面临“北虏”之患，尤其在“土木堡之变”爆发后，明人对蒙古人更加仇视和敌对，就不断地对元朝及蒙古人进行不遗余力地黑化，甚至妖魔化。

明亡后，清朝统治者对人民的压榨和奴役非常过分。而清朝统治者和元朝统治者有一共同点——都是由关外杀进来的少数民族。

所以，人们在谈论元朝的时候，会想当然地把清朝施行过的暴政嫁接到元朝的头上。

元曲的兴盛，是元朝科考取士的结果，还是遭元朝科考冷落所致？

中国古代文化发展的时代性是非常鲜明的。

比如说，先秦散文、汉赋、唐诗、宋词、元曲、明清小说。

这其中的元曲，以其对现实揭露的深刻性、题材的广泛性、语言的通俗性、手法的多变性，可谓集歌、赋、诗、词之大成，在文学艺苑中熠熠生辉，从而与汉赋、唐诗、宋词一起被誉为“古代文学艺术宝库中四颗璀璨的明珠”。

这里有一个问题：元朝国祚不过百年之间，来去匆匆，倏忽如风，而且内讧频起，并没有多少年消停，这元曲为什么就如在一夜之间，在元帝国的土壤上兴盛起来了呢？

对于这个问题，明清许多学者提出一个看似非常合理的答案，说这是元廷科考“以曲取士”的必然结果。

沈德符在《顾曲杂言》中把这一问题讲得相当清楚。

他说：“元人未灭南宋时，以此定士子优劣。每出一题，任人填曲。如宋宣和画学，出唐诗一句，恣其渲染，选其中得画外趣者登高第，以故宋画元曲千古无匹。”

与沈德符同时期的曲选家臧懋循深憾明代没有沿袭“以曲取士”这一做法，在《元曲选》的两篇序中都有谈到元代“以曲取士”的操作，说：“元以曲取士，设十有二科。”

除了沈德符和臧懋循之外，像孟称舜、程羽文、吴梅村、吴伯成、汪上薇、沈宠绥、毛奇龄、许登寿、李调元、姚燮等名流文士，也都认为是“元以曲取士”的结果。

的确，上有所好，下必甚焉。

元统治者既然以元曲来挑选人才，当然就会有大批人才投入到元曲创作中去了，这样一来，元曲不兴盛才怪呢。

但是，查《元史·选举志》，在元廷选举制度里，根本就没有“以曲取士”的记载。

人家只说：“蒙古、色目人，第一场经问五条，《大学》《论语》《孟子》《中庸》内设问，用朱氏章句集注。其义理精明，文辞典雅者为中选。第二场策一道，以时务出题，限五百字以上”“汉人、南人，第一场明经、经疑二问，《大学》《论语》《孟子》《中庸》内出题，并用朱氏章句集注”“第二场古赋诏诰章表内科一道”“第三场策一道，经史时务内出题，不矜浮藻，惟务直述，限一千字以上成”。

那么，这“以曲取士”的说法很可能就是沈德符等人根据宋徽宗“以画取士”的做法，想当然编造出来的。

还有，臧懋循所说“元以曲取士，设十有二科”中的“十有二科”，说的是元曲中按神仙道化、隐居乐道、林泉丘壑、披袍秉笏、君臣杂剧、忠臣烈士、孝义廉节、叱奸骂谗、逐臣孤子、钹刀赶棒、风花雪月、悲欢离合、烟花粉黛、神头鬼面分成的十二种科目，但这种分法，元代并不存在，是明太祖朱元璋的第十七子宁王朱权在著作《太和正音谱》中根据杂剧主题分类出来的。

所以，清朝的梁廷枏、梦遴生等人是对所谓“元以曲取士”说法持怀疑态度的。

实际上，钦定四库全书在收录沈德符《顾曲杂言》时，四库馆臣就赫然评点：“此书专论杂剧、南曲、北曲之别。其论元人未灭南宋以前，以杂剧试士，核以《元史选举志》，绝无影响，乃委巷之鄙谈。”

即“元以曲取士”之说，纯属“委巷之鄙谈”，并不存在。

那么，元曲的兴盛，应该与科举考试是没关系的喽?

不，有关系。

清末史学大师王国维认为大有关系。

不过，他的观点有些相反，即元曲的兴盛并非元廷“以曲取士”所致，而是冷落科举所致。

他的解释是：因为元廷不重视科举，甚至废除了科举，使得大批文士一腔才情无处安放，只得尽数倾泻于元曲创作上，才使元曲“忽如一夜春风来，千树万树梨花开”。

王国维是这样说的：“余则谓元初之废科目，却为杂剧发达之因。盖自唐宋以来，士之竞于科目者，已非一朝一夕之事，一旦废之，彼其才力无所用，而于词曲发之。”

王国维为什么会产生出这样的想法呢?

盖因清代徐乾学《资治通鉴后编》卷一百六十二有记：“蒙古旧法，分人为十等：一官二吏三僧四道五医六工七猎八民九儒十丐。”即元代读书人社会地位非常低下，已与乞丐同列了。

王国维认为，之所以会出现这种情况，就是因为元廷废除了科举考试，迫得读书人没有出路，只能形同于乞丐。

不过，徐乾学所说的“九儒十丐”，到底来源于什么样的文献呢?

徐乾学没说，别人翻遍元代法律文献也没有查到。只在某些文人记载里提道：“以儒为戏者曰：我大元制典，人有十等：一官二吏三僧四道五医六工七猎八民九儒十丐。”

即这应该是俳优的戏言，并非事实。

我们来看一些相对可靠点的记载。

元人张铉在《至正金陵新志》卷九记述有元朝设置儒户以及对士人的优待：“大德十一年，系籍儒户，杂泛差役并行蠲免。至大二年，儒人免差。延祐元年设科取士，儒风大振。其明年再诏，隶籍在学儒人毋得

非礼科役烦扰。是后有司奉行，不至儒者杂于编户。”

瞧，元廷为了保证读书人的温饱与尊严，专门开设了儒户，免除儒户的各种杂税以及差役，而且“延祐元年设科取士”后，“儒风大振”。

另外，查钟嗣成《录鬼簿》中所记录元代前期杂剧作家的生平，我们也应该看到，那些有名的元曲作家，并不是沦落到与乞丐为伍的文人：关汉卿为太医院尹、白朴为赠嘉议大夫掌礼仪院太卿、马致远为江浙省务提举、高文秀为东平府生员、史九散仙为武昌万户、庾天锡为中山府判、张国宾为喜时营教坊勾管、梁进之为大兴府判、李子中为知事除县尹、李宽甫为刑部令史除庐州合淝县尹、李时中为工部主事、李进取为官医大夫、李文尉为江州路瑞昌县尹、尚仲贤为浙江省务提举、张时起为东平府生员、顾仲清为清泉场司令、张寿卿为浙江省掾吏、赵天锡为镇江府判、赵公辅为儒学提举……

所以，王国维的观点是有失偏颇的。

对，元朝初年是停顿了科举考试，但并不代表元廷统治者不想举行科考，而是条件不允许。

事实上，据《元史·选举志》所载：在元太宗（窝阔台）九年（1237 年）秋就举行了开科取士，史称“戊戌选试”，后因“当世或以为非便事复中止”了。但窝阔台也在设立儒户之前，明令以“儒通吏事”与“吏通经术”为录用条件，从各地选拔政府官员。即在停废科举期间，许多士人都加入了胥吏的队伍中。《四库全书总目提要》里有提道：“元初罢科举而用掾吏，故官制之下次以吏员。”即元朝的官员很多是从胥吏中拔擢的。

忽必烈平灭南宋，要求从南方士人中选拔官员，从而促进大批学校兴建，读书人越来越多。

宋末元初的大词人刘辰翁感叹说：“科举废而学校兴，学校兴而人材出。故学校又为天地心之心也。”

元至治元年进士吴师道甚至认为，科举虽然停废，但由于政府重视学校建设，并不影响读书人走向仕途，他说：“科举、学校相表里者也、内儒而仕者，不为进士则为教官。科举废而学校存，柄国者岂不以学校为至重哉。”

当然，对于要不要恢复科举考试，忽必烈还多次在朝廷上与群臣展开讨论，其中，至元二十一年就明确确定了要实行科举制。后因忽必烈去世，搁置到了元仁宗黄庆二年才正式设科取士。这之后，一直到元末，共举行了十六次科举考试，考中进士的共计一千一百三十九人。

所以，回到问题本身，元曲的兴盛，不一定是“以曲取士”积极引导的结果，也未必是停废科考的消极发泄所致。

近代戏曲家孙楷第说得比较合理，主要是元朝宫廷喜欢，群众也对这一文艺形式趋之若鹜，最终促进才人与俳优更加密切合作，元曲发展因此达到了一个巅峰。

是的，元曲发展巅峰的到来，就是九月怀胎、一朝分娩的结果。

不是吗？唐宋以来，话本、词曲、传奇小说，以及讲唱文学的发展日趋成熟，当它们最终结合在一起，必然会焕发出耀眼的光芒。

元代文人游海外写了本书，使一已死国度得以“复活”

美国著名历史学家约翰·金·费尔班克对中华文化推崇备至，他给自己起了一个中国名：费正清，并在哈佛大学开设了东亚文明课程。现在，哈佛大学东亚研究中心的名字就叫费正清东亚研究中心。

费正清曾经心悦诚服地说：“中国的历史记载浩如烟海，详尽而广泛。很多世纪以来，中国的历史学一直是高度发达和成熟的。”

的确，不但中国的文字发明较早，而且，自古至今，中国历朝历代都设置有专门记录历史的史官，史官制度之完备，全世界无一国可与相比。

正是这个原因，现在很多国家，包括日本、朝鲜以及东南亚各国，要研究本国历史，都必须借助于中国的古代典籍刨根问源。

其实，在中国，除了一本正经的官修正史外，由于古代中国繁荣富庶，文人阶层发达，大部分文人都有闲情逸致，所写的游记、杂记、小品文也汇成了研究历史不可或缺的材料。

生活在元朝的温州人周达观，就属于这类富有闲情逸致的文人。

周达观写有一本游记——《真腊风土记》，说他在三十岁那年，即元成宗元贞元年（1295 年），曾随朝廷使团乘船到过一个名叫真腊的国家。鉴于真腊的风土情物与中土迥然不同，他写了一本《真腊风土记》，详细叙述了真腊的山川、物产，以及居民的生活、经济、文化习俗、语言等。

书中所写，千奇百怪，却又盎然成趣。

比如说，周达观写真腊的王宫，写真腊国王的生活，让人观之如同天外奇谈。书中写："其内中金塔，国主夜则卧其上。土人皆谓塔之中有九头蛇精，乃一国之土地主也，系女身。每夜（则）见国主，则先与之同寝交媾，虽其妻亦不敢入。二鼓乃出，方可与妻妾同睡。若此精一夜不见，则番王死期至矣；若番王一夜不往，则必获灾祸。"

真腊国民的服饰装扮，也让人大吃一惊。书中写："大抵一布缠腰之外，不以男女，皆露出胸酥椎髻跣足，虽国主之妻，亦只如此。"

最让人觉得匪夷所思的是，"人家养女，其父母必祝之曰，愿汝有人要，将来嫁千百个丈夫。富室之女自七岁至九岁，至贫之家则止于十一岁，必命僧道去其童身名曰阵毯"。

因为所记荒诞离奇，人们将之等同于《镜花缘》一类写奇状怪的书籍，读后一笑了之。

人们都赞《真腊风土记》一书想象力丰富，《真腊风土记》从而得以流传。

公元 19 世纪初期，法国开始入侵中南半岛。

一个生性浪漫的法国人 J. P. A. 雷慕沙于公元 1819 年把《真腊风土记》译成法文。

公元 1860 年，一个不怎么浪漫的法国人读了这本书，心情久久不能平静。

这个法国人名叫亨利・穆奥，是一个生物学家，同时也是一个探险家。

亨利・穆奥觉得，书中写的应该是真实存在的。

在亨利・穆奥的眼里，周达观写的一切全都那么真实可感，又全都有迹可循。

这一年，亨利・穆奥做了一个影响他一生的决定：按照《真腊风土记》的描述，前往东南亚探险！

真腊，是隋及唐初对柬埔寨的称呼。

柬埔寨在公元 1 世纪时即已建国，汉时称“扶南”，隋及唐初称“真腊”，中唐时称“吉蔑”，元时称“甘孛智”或“吉孛智”，明代万历以后称柬埔寨。而柬埔寨人则始终自称“吉蔑”或“柬埔寨”，“吉蔑”也译作“高棉”，是种族名，“柬埔寨”是国家名。元代人周达观著书称“真腊”，是沿袭唐初时的称呼。其实，在《真腊风土记》一书中，真腊人也称中国人为“唐人”。

亨利・穆奥捧着周达观的《真腊风土记》，从中国出发经南海、湄公河，风尘仆仆地来到了柬埔寨，按图索骥，找到了达洞里萨湖。但当他要进入充满神秘气息的热带雨林时，当地向导再也不能给他带路了。因为茂密的原始森林里，已经没有道路可行了。

亨利・穆奥坚信《真腊风土记》所记不是神话，他孤身一人，披荆斩棘，昂然前行。

功夫不负有心人。

终于，歪斜门柱、倒塌佛塔、断裂门梁和精美浮雕出现在亨利・穆奥面前。

亨利·穆奥被深深地震撼住了，他跪倒在地，从内心赞美："此地庙宇之宏伟，远胜古希腊、罗马遗留给我们的一切，走出森森吴哥庙宇，重返人间，刹那间犹如从灿烂的文明堕入蛮荒!"

真腊原本是扶南古国北部属国，公元7世纪自立，迁都吴哥，公元9至14世纪达到全盛，称为吴哥时代。亨利·穆奥所看到的，便是吴哥遗迹，是吴哥时代的文物精华。

吴哥时代是柬埔寨历史的分水岭，在达到辉煌的顶峰时期后开始走向衰落。

吴哥王国最强大的时候，版图包括现在泰国的大部分地区以及老挝南部和越南西南部地区。

从公元15世纪开始，柬埔寨人和暹罗（泰国）的泰族人开始了长时间的争战，为了纪念某次胜利，吴哥改名"暹粒"，意为"打败暹罗人"。但最后柬埔寨人还是被暹罗人打败了。公元1432年，暹罗人击破吴哥城，柬埔寨人放弃吴哥，迁往金边，吴哥王朝由此衰落。吴哥窟被遗弃，湮灭在废墟莽林之中长达四百多年。东边的安南国灭占婆后入侵柬埔寨，柬埔寨夹在暹罗和安南两个强国之间，如俎上肉，任由宰割。公元17世纪上半叶，柬埔寨被暹罗控制，安南人协助柬埔寨打败暹罗，获得的报酬是得到西贡。公元18世纪初安南驻军柬埔寨，柬埔寨在暹罗的支持下反抗安南。公元1864年，柬埔寨接受法国的"保护"，向泰国取回马德望、暹粒、诗疏风及东北地区，但未能收复安南占领的西贡。

《真腊风土记》所记是吴哥王国的见闻。夏鼐先生说，《真腊风土记》是现存的当时人所写的关于吴哥极盛时代交通、城郭、风俗的唯一记录。

亨利·穆奥的努力，使隐没了四百年的吴哥文明终见天日。

吴哥窟从此成了与中国长城、印度泰姬陵、印尼婆罗浮屠齐名的东方四大文明古迹之一，为世人顶礼膜拜。

从某种程度上说，真腊作为一个已死古国，尘封了四百年，因为周达观，得以神奇"复活"。

众史家被一个元代的词难倒，破解后引出一段宗教史

英华，字敛之，号安蹇斋主、万松野人，满族正红旗人，满姓为赫佳氏。

他是一个充满神奇色彩的人物。

其神奇之处，在于他从摇煤球起家，成功地构建起了一个才俊满门的贵族家族。

英敛之出身贫困，是一个摇煤球的旗人，靠捡废纸练字，先被一个野道士诱拐为徒，后又被一书生拦下，成了书童。陪同师傅给皇家千金上课，自由恋爱，成了爱新觉罗家族的乘龙快婿。从此平步青云，养活了兄弟姐妹一大家子人，创办了《大公报》和辅仁大学。

英敛之的孙子——著名画家英若识在《英才辈出凭家风》中这样写：祖父汉姓郁，名英华，字敛之，号万松野人，公元 1867 年生于北京西郊温泉。祖父自幼习武，后弃武从文。他天资聪慧，又勤学苦读，文章和书法很快就小有所成。后来，祖父认识了一位学问出众的教书先生，做了他的书童。这位先生正在一户爱新觉罗的后裔家里教书，祖父也随同到人家，和主人家的女儿爱新觉罗·淑仲一起学习。时间久了，两人渐有好感，后来结为夫妻。戊戌变法时期，祖父投身到维新运动中，与中国近代启蒙思想家严复是好朋友。戊戌变法失败后，祖父流亡海外，一年后又悄悄回国。后来，慈禧太后为讨好洋人，大赦了一批戊戌变法的重要人物，其中就有祖父。不过名单中没写姓氏，只写了他的名“英华”。据说当时慈禧太后特意说了句：“把那个满人英华也赦免了吧。”从此，全家族都随祖父从郁改姓英。随后，祖父带着家眷来到天津，在严复的襄助下，公元 1902 年创办了著名的《大公报》，祖父任第一任社长。公元 1912 年，祖父把《大公报》出让给别人经营，回到北京香山

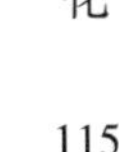

隐居。

而根据英敛之本人的自述："仆家世微寒，先代无达者，生长陋巷，耳目所逮，罔非俗物。"确是出身贫寒。又说："仆一介武夫，不屑于雕虫刻篆。顽石可掇三百斤，弓能挽十二力，马步之射十中其九。每借此自豪。然此等伎俩，见遗于社会，无补于身家，遂弃之。弱冠后知耽文学，则又以泛滥百家，浏览稗史侈渊博，甚至穷两月之目力，读《四库提要》一周，以足见其涉猎之荒矣。"英敛之确实有过一段弃武从文的经历。其可举三百斤的大石、挽十二力的强弓、马上骑射十中其九，武艺可谓高强。又说："迨弱冠前后，交结多穷苦无聊辈，酒酣耳热，相与抵掌谈天下事。"乃是热血男儿。

史学家陈垣迁居到北京，曾经搜求明末基督教遗文，想模仿朱彝尊的《经义考》、谢启昆的《小学考》，著作一部中国基督教史。

而在当时的北京，英敛之和马相伯都是天主教皇甫、北京地区的宗教领袖、社会活动家，又是著名学者。他们两人曾在公元1912年联名撰写《上教宗求为中国兴学书》给罗马教皇，请在中国北方设立公教大学。公元1913年，英敛之在北京香山静宜园创办了辅仁社，大量招收国内天主教会中青年学子前来研修，又组织主持宗教史研究。

陈垣要研究宗教，首先想找的就是这两个人。

早些年，陈垣所参与创办的《震旦日报》是由广州圣心天主教堂副主教魏畅茂资助，陈垣家居近天主教堂，他不仅与魏副主教是朋友，还曾凭借该教堂一法国神父介绍，到上海徐家汇拜访马相伯，和马相伯算是熟人。但陈垣曾读过英敛之所著《万松野人言善录》，知道他所收藏的天主教史文献最多。

公元1917年，陈垣前往香山拜会英敛之。英敛之也很高兴有这么一个人愿意研究基督教史，就把自己有关宗教的书都摆了出来，并出示了辅仁社当时正在研究的几个课题：《唐景教碑考》《元也里可温考》《清四库总目评论教中先辈著述辨》等。

这几个课题中，最让英敛之感到头痛的是《元也里可温考》。

“也里可温”这一称谓，仅见于元代著述，在元代以前是没有这种称谓的。多年以来，史家均不明这一称谓的含义。

晚清年间兴起西北史地之学，研究中国之西北地区与中国之关系，其中尤着重元史之研究，然而由于《元史》中多有蒙古语而难以了解；另外，由于当时驻外使节了解到西方各国均有蒙古之研究，且水平极高，因此激起了中国史学界对蒙古之重新研究，当中更借助西方之学。

清代，侍郎洪钧出使欧洲德、俄、奥、荷四国后，从西书辗转译成《元史译文证补》，使中国学者惊叹西方汉学研究水平之高，更一度掀起“非《元史》”之风。

洪钧当时即在书中提出“也里可温为景教之余绪”。

景教，是唐朝人对基督教的称呼，也是基督教史上第一次传入中国时的称呼。

民国初年，由于基督教在华再次兴盛，对其在华历史之研究亦随之兴起。当时辅仁文社便有研究也里可温教者。

那么，“也里可温”是指什么呢？到底是不是洪钧所说的，“也里可温为景教之余绪”呢？

清乾嘉著名学者钱大昕学识渊博，考证极精，研治元史有很大成绩。但他在自己所著的《元史・氏族表》中却说：“也里可温氏，不知所自出。”

《元史》卷三《国语解》的解释则是：“蒙古语，应作伊鲁勒昆；伊鲁勒，福分也；昆，人名，部名。”其卷二四又说：“也里可温，有缘人也。”前后矛盾，可知其对“也里可温”的含义并不了解。

可见“也里可温”的真正含义是一个极难破解的谜团。

庆幸的是，晚清道光年间，一部成书于元至顺年间，由丹徒包氏汇刻的宋元旧志《镇江志》获得重刻，为解读“也里可温”提供了重要依据。

在这本地方志里，多处载有“也里可温”的字样。而负责校勘此书的学者刘文淇在《校勘记》中称：“即天主教也。”

英敛之就是根据这一线索，拟定了《元也里可温考》这一课题，想发动大家来考证刘文淇的论断是否正确。

陈垣接受了这一课题，“归而发箧陈书，钩稽旬日，得佐证若干条，益于辅仁社诸子所得，比事属辞，都为一卷”，写出了自己的发轫之作《元也里可温教考》！

他将英敛之的原课题《元也里可温考》改名为《元也里可温教考》，多了一个“教”字，乃是已经确凿无疑地证实了刘文淇的说法，将元也里可温历史问题做了彻底解决。

为了证实自己的观点，他所说的“佐证若干条”，其实是引用了近五十种文献，除了正史，还有大量的文集、方志、碑刻、金石录、书画谱等，可谓史料详备，功力深厚。

此外，他的论证手法独具一格，既从多种视角展开系统的横向论述，又以贯通的眼光从纵向论述宗教的渊源流变，言之凿凿、无可辩驳。

文章的开篇便摆出论点：此书之目的，在专以汉文史料证明元代基督教之情形。

先认定《元史》之也里可温为基督教，然后搜集关于也里可温之史料分类说明，以为研究元代基督教史者之助。其后，便介绍自清初以来，钱大昕、刘文淇、魏源等人对于也里可温的论述，从钱大昕的疑惑不解，到尝试着解诂阐释，解为有缘的人、有福分的人、和尚道士、西洋人、景教徒、天主徒、基督徒，前人的旧说虽也在一步步接近正解，但止于词语解释而缺乏资料钩沉和史实爬梳，陈垣通过自己广泛的材料搜集和精详的分析，展示了元代也里可温教之东来行迹，其戒律、人数、有名之人物，包括教徒“军籍之停止”“徭役之蠲除”“租税之征免”，以及也里可温教与景教之异同，及其在元代受到政府尊崇和遭遇异教摧残的史实等，最终论证出：“也里可温”即“敬拜耶和华者”；“也里可温教”

即基督教聂思脱里（Nesteranisne）派的译称，也即元代时对于基督教各派的总称。

原来，罗马教廷曾于公元 1245 年至公元 1253 年间向蒙古派出多明我会及方济各会之宣教士做联络工作。公元 1266 年，元世祖忽必烈更派马可·波罗之父及叔父返回欧洲向罗马教廷请派宣教士。公元 1293 年，教廷方济各会宣教士孟德高维诺到达元大都拜见忽必烈，在大都宣教，开始了元代基督教在华传教之历史，此教与唐代以来传入中国的景教被合称为也里可温教。公元 1328 年，孟德高维诺死于中国，其在中国授有信徒三万人，但主要以色目人为主，未能传于汉人。及至公元 1368 年，朱元璋建立明朝，由于缺乏汉人信徒，元代也里可温教便随着蒙古统治的结束而终结。

重新开启基督教在华传教事业的，是公元 16 世纪之耶稣会士。

陈垣此文，论述系统，考订精审，材料详尽，探明了在唐代景教流行至利玛窦来华传教这近千年间，基督教在中国发展存在一个重要时期。这不仅是利玛窦以来所期冀得到认识的传教史实，也是了解元代文化宗教发展的重要课题，因为元代文化中的重要因子就是基督教文明。它与汉族的佛道文明及儒学发展共同构成了元代文化中的中西拼盘以及西方文明，尤其是基督教文明在中华大地上的华化现象，堪称一部元代基督教简史。

也里可温教为元代传入之基督教一事，亦正式被中国史学界确认。

陈垣也因此文得享“中国基督教史研究开山祖”之誉。

陈垣校勘《元典章》饮誉海内，全因《元典章》价值巨大

“校勘”是目录学的一部分，本身还算不上一门学问，但由于古籍年份长、版本不同，还有后人无意或有意的篡改，导致后来所印与前面

所印有了许多出入，为了验正误、校真伪，还古籍以本来面目，就必须运用上校勘了。

从西汉末年刘向、刘歆父子校理群籍算起，校勘在我国已有二千余年的历史，可谓有着悠久的传统。历代学者在实践中总结出不少有益的经验，特别是宋代，已经有不少校勘学家对校勘经验开始了有意识的归纳，如彭叔夏的《文苑英华辨证》、廖莹中的《刊正九经三传沿革例》等。

到了清代，考据学兴，乾嘉诸儒以注经考史、校勘典籍为治学之依归，出现了许许多多的校勘学家，校勘学有了长足的发展，《书目答问》之后就罗列有校勘学家类目。在理论和方法上，都有总结、有论述、有实践。

其中，顾广圻、卢文弨等校勘古籍以善本，特别是宋元旧版为依据，强调保持原貌，注明异同而不加改动，后人称之为对校派。段玉裁和王念孙、王引之父子等重视各种异文资料，依靠自己的学识，主张改正错误，后人称之为理校派。

史学大师陈垣特别重视校勘学，他将刘向以来校勘学成果以及清人校勘学的观点和方法融会贯通，使传统校勘学走上科学的轨道。

对于对校派与理校派，他都是有所取舍的，汲取他们的精华，去掉他们的偏见。

他的具体做法是：一方面，继承了对校派使用的校勘方法，将版本依据，特别是把搜集古本、善本放在重要位置，强调用多种版本对校，但同时又抛弃了对校派过分迷信宋元旧版的弊端。另一方面，他又继承理校派注重通例、重视利用版本以外的各种异文资料、重视运用各学科知识订正错误的方法，但同时去掉了他们容易忽视版本依据，只凭学识而出现臆改的缺陷。

另外，因清代文人校书多囿于经书和小学，于史籍着意不多，陈垣本人通熟史书，则很容易从校史入手，总结归纳校勘学的理论和方法，使之适用于各类古籍，具有普遍的指导意义。

他将自己在校勘过程中总结出的经验和规律撰成了《元典章校补释例》。

《元典章》是元朝的一种特殊的法律汇编。在元成宗朝，曾规定各地官府抄集中统以来的律令格例，以为官吏遵循的依据。所以说，此书并非中央主持编定，而是地方官员自行编修，全名为《大元圣政国朝典章》，内容包括元世祖中统时期到元英宗至治二年（1322 年）约六十年间各地地方官吏会抄的有关政治、经济、军事、法律等方面的圣旨条画、律令格例以及司法部门所判案例的汇编，分为前集和新集。前集六十卷，计诏令一卷、圣政两卷、朝纲一卷、台纲两卷、吏部八卷、户部十三卷、礼部六卷、兵部五卷、刑部十九卷、工部三卷，共十门，三百七十三目，每目分若干条格。新集不分卷，体例与前集不尽相同，有国典、朝纲、吏、户、礼、兵、刑、工八门，门下分目，每目分若干条格。记载了大量的法律资料，内容极为丰富，对研究元代法制史和文化史都有重要的价值。

《元典章》的全部内容都由元代的原始文牍资料组成，文体别具一格，不仅使用一般的书面语，也常用元代的口语。在圣旨、令旨和省、台公文中，使用的是以口语硬译的蒙古语的特殊文体。比如，“肚皮”（贿赂）、“勾当里交出去”（罢黜）、“名分”（官职，爵位）、“那般者”（照办）、“大勾当里去”（举大事）、“可怜见”（恩赐），等等。

除了用以口语硬译的蒙古语佶屈聱牙之外，因为作者繁芜，水平参差，错误很多，而且错得离奇，就特别难懂。所以，清乾隆编《四库全书》时，就弃之不取。

《四库全书》不取，《元典章》元时虽有刻本，后世仅有抄本流传，辗转抄写，脱漏讹误更多，兼杂方言俗语，要全书通读，就更困难了。

公元 1908 年，北京法律学堂刊行由沈家本作跋的刻本，世称沈刻本，流传相对较广。

沈家本，字子淳，别号寄簃，吴兴（今湖州）人，生于公元 1840 年，清同治元年（1862 年）举人，光绪九年（1883 年）进士，留刑部补官，通览历代法典与刑狱档案，公元 1902 年受命主持修订法律。

早在公元 1908 年，陈垣在广州聚龙里方功惠处阅读古书籍，里面就有旧抄本的《元典章》。陈垣粗一阅读，就认定这是一部“研究元代政治风俗、语言文字必不可少之书”（陈垣《元典章校补释例》自序），爱不释手，借回家读了大半个月，只恨自己不能拥有此书。

沈刻本便是其“枕碧搂”内藏书所刻印，装订和印刷都极其考究、精美。

如陈垣所料，《元典章》的史料价值是极其巨大的，以《元典章》可以印证《元史》和其他史籍中的许多记载，也可以补充其他史料的不足；从《元典章》中更可以真切地了解元代各级政府处理政务的具体过程，尤其是能够了解皇帝听政的情况。

事实上，在当时，日本学界研究《元典章》的大小论著为数不少。岩村忍、田中谦二有校本《元典章·刑部》出版。

公元 1913 年陈垣移居北京，偶逛书局，竟然邂逅了一部新刻的《元典章》，狂喜之下，购买回家，细细阅读。

有了此书，陈垣的成名之作《元也里可温教考》得以从中多取史料。

陈垣也赞道：“六百年来，此书传本极少。《元典章》既以方言俗语故，摈而不录，沈氏乃搜求遗逸，刊而传之，其有功于是书何如！”（陈垣《元典章校补释例》自序）

然而，沈本虽然缮刻精良，但谬误很多。陈垣拟将此书重新考订，但手头又没有其他版本的书可以校对，奈何？

饶是如此，陈垣还是心痒难搔，按捺不住，尝试着以本书自证，考出讹误若干处，其中以目校书，有目无书又有若干处。

也是事有凑巧，随着陈垣嗜书之名在京师传开，有人时不时拿一些旧抄本来向他求售。

其中就有《元典章》!

陈垣打开一看，惊呆了，此本正是自己十多年前在广州读过的方功惠藏本!

他万万没有想到，时经多年，这本书竟然在辗转了数千里之后又出现在自己眼前!

真是天赐其便，合该我陈垣命中有得此书!

陈垣忍住内心的激动，花了大价钱将书买下。

此后，相当长一段时间里，陈垣就以方氏本检校沈刻本，自娱自乐，补录阙文一百一十余条。

当然，单单以这两本书互证是不能完整校补好全文的。但机会总是给有准备的人。

后来，陈垣又得到了一本阙里孔氏藏影抄元本；公元 1925 年，在整理清宫档案材料中，陈垣更是在故宫斋宫里意外发现了毛氏汲古阁藏元刻本；公元 1930 年好友傅增湘知他有校订意向，专门邮借了上海涵芬楼藏吴氏绣谷亭影抄本；同时又得了南昌彭氏知圣道斋抄本。

这样一来，陈垣已经有五种本子可与流行于世的沈刻本校对了。

公元 1930 年，陈垣“乃与门人那君志廉、胡君遁庸日就寿安宫对校，暑假后姜君廷彬、叶君德禄续加入焉。自五月十九日始，至八月五日止，故宫一部校毕。继而以诸本互校，知元本误处，经诸家校改，时有异同，欲求一是。往往因一名之细，一字之微，反复参稽，竟至累日。间有不能决者，则姑仍其旧”，共校出沈刻本《元典章》伪误、衍脱、颠倒等一万二千余条。

《元典章校补》完稿后，陈垣尚担心有遗漏，又于公元 1930 年 11 月 6 日写信给居住在南京的柳诒徵，请代检沈刻底本杭州丁氏本，信中说：“前因搜集元代史料，得汲古阁毛氏及钱塘关氏、高邮王氏、南昌彭氏、巴陵方氏等各家所藏《元典章》，遂为董刻《元典章校补》，书凡十卷，已付梓矣。唯董刻据称出身杭州丁氏，丁氏今藏钵山，甚愿先生就近一查，丁氏原书是否亦有阙佚，抑丁氏原本无阙，而董刻独自遗漏也。今将所欲求指示者开列于后，不吝赐教为幸。”

《元典章校补》完稿后，又将其中的一千多条加以归纳、整理，找出其错误原因，为例五十，分六卷，著成《元典章校补释例》一书。

他说：此书“非仅为纠弹沈刻而作”，而是“将以通于元代诸书及其他诸史”，并能“于此得一代语言之特例，并古籍窜乱通弊”（《元典章校补释例》自序）。由此看出，他所做的这一工作，非仅为校勘《元典章》一书，而是以它作为典型材料，有目的地总结校勘的一般规律，使学校勘的人知道在校勘中可能遇见哪些问题，如何分辨是非。

《元典章校补释例》横空出世，中外学界为之震惊。

在北大、清华两校讲授校勘学的清华大学教授刘文典看到此书后兴奋不已地写信给陈垣，称赞说：“深佩先生校订古籍之精而勤，与方法之严而慎。凡研讨元代典章制度者固当奉为南针，即专攻版本校勘之学者，亦当谨守先生所用之法则也。”从此将该书存放在两校系研究室供师生学习。

孙楷第称：“《元典章释例》捧阅再三，体大思精，盖为绝学，读之忻惊无似！清儒校勘最精，从无开示体例如公之此书所为者。”

胡适为此书作序，称“这部书是中国校勘学的一部最重要的方法论”“是新的中国校勘学的最大成功”，推崇备至。

此宋元之交的史学家替《资治通鉴》作注，抒发忧愤

大史学家陈垣在抗战后期写有一本极其重要的书——《通鉴胡注表微》。

陈垣本人后来在公元1957年为该书写《重印后记》时，称它是自己

“学识的记里碑”。

其弟子白寿彝也称：这部名作是陈垣“所有著作中最有代表性的作品，其中有不少值得我们好好挖掘的东西”。

这部书，单从书名上看，共有三个词语：通鉴、胡注、表微。

通鉴，指北宋司马光所主编的长篇编年体史书《资治通鉴》。此书共二百九十四卷，三百万字，记载自周威烈王二十三年（公元前403年）至五代的后周世宗显德六年（959年）共一千三百六十二年史事，目的是“鉴于往事，有资于治道”，从漫长的历史中总结成败得失以作为鉴戒，供统治者借鉴。

胡注，指的是宋元之际著名的史学家胡三省为《资治通鉴》所做的注释。

胡三省，浙江宁海人，生于公元1230年，亡于公元1302年，是宋理宗宝祐四年（1256年）进士。这一年的进士有文天祥、陆秀夫、谢枋得，此三人，均为千秋忠烈之辈。

曾担任辅仁大学校长的陈垣在公元1937年的《辅仁年刊》创刊作序时，曾题：“夫自昔登科题名之录众矣。而宋绍兴十八年、宝祐四年登科诸录，独重于世，岂非以其中有令人可景仰之人哉?!”以宝祐四年科的忠烈士人激励辅仁学子。

胡三省原名满孙，字身之，号梅涧，有兄弟五人，排行第三，后取《论语》“吾日三省吾身”一句，改名三省。

宋亡后，胡三省回乡隐居，心怀亡国之痛，说司马氏编年记事非冷峻不露声色，其忠愤感慨，时有流露，“编年岂徒哉”！以毕生精力研覃史学，呕三十年心血，对《资治通鉴》笺注进行全面辨析，终于完成史学巨著《资治通鉴音注》。

《资治通鉴音注》共二百九十四卷，与《资治通鉴》正文相当，对于《通鉴》涉及的名物、制度、地理、职官以及记事，进行大量的注解，诠释其音义、考订其异同、校勘其讹脱、辨明其史实，所引资料皆

注明来源，考证详备，不仅增补大量史实，也为阅读《通鉴》提供了极大的便利，具有极高的学术价值。

表微，出自《礼记·檀弓下》中的："君子表微。"东汉大儒郑玄作注为："表，犹明也。"意即表明微细的、隐而不现的人或事。

《通鉴胡注表微》，就是将为《资治通鉴》作注的胡三省及胡三省的《资治通鉴音注》那些微细的、不易为人发觉的闪光点予以彰显。

陈垣说了，撰此书，是为阐发胡三省"有感于当时事实，援古证今"的思想。

陈垣之所以有迫切的"表微"冲动，主要是身在沦陷区的北平，在日伪的统治下，与几百年前的胡三省有相似的遭遇，对胡三省当日的所思所想，感同身受。

他开始思考，像胡三省"这样一位爱国史学家是在长时期里被埋没着，从来就没有人给他写过传记。到清朝，有人认为他擅长地理，有人认为他擅长考据，才偶然提到他。至于他究竟为什么注《通鉴》？用意何在？从没有人注意，更没有人研究"。

他以痛苦的心情反复阅读《通鉴》和胡注，当读胡三省在后晋开运三年（946 年）下面有这样的评注："臣妾之辱，唯晋宋为然，呜呼痛哉！"又曰："亡国之耻，言之者痛心，矧见之着乎！此程正叔所谓真知者也。天乎人乎！"便生出历史与现实的许多感慨，深切体会到胡三省在宋亡以后元军统治下的悲愤心情。

陈桓指出，这儿原来记载的是契丹入主中原的事，后晋出帝石重贵被掳往北方的黄龙府，这种事情在北宋末年上演了一次，而南宋末年又复上演了一次，胡三省目睹南宋破灭的全过程，读到后晋亡国这一段，不禁悲从中来，泣笔长呼："呜呼痛哉！"

陈垣"慨叹彼此的遭遇，忍不住流泪，甚至痛哭。因此决心对胡三省的生平、处境，以及他为什么注《通鉴》和用什么方法来表达他自己的意志等，做了全面的研究"。

他要通过对胡注的发微，揭示胡三省当时的处境、抱负和心情，表彰其学术、思想和气节，同时，也是实现自己“有意义之史学”，表达出应有的民族气节和中国必胜的信心。

从公元1944年开始，经过两年多时间，终于写成了《通鉴胡注表微》。

胡三省在注文中称宋朝必称“我朝”“我宋”“本朝”“吾国”“国朝”，表明了他对故国之情至深至厚。

因此，在《通鉴胡注表微》第一篇《本朝篇》，陈垣便开宗明义：“本朝谓父母国。人莫不有父母国，观其对本朝之称呼，即知其对父母国之厚薄。胡身之（胡三省字）今本《通鉴注》撰于宋亡以后，故《四库提要》称之为元人。然观其对宋朝之称呼，实未尝一日忘宋也。”

陈垣又在《校勘篇》中说：“不谙身之（胡三省字）身世，不能读身之书也。”唯其如此，表微才能将胡三省有意隐藏在注文中的当时不便明言的微言大义顺利发掘。

他在《解释篇》中征引史料，将胡三省隐藏在注释里的思想如实地揭示出来。

又在《考证篇》里和盘托出自己的研究原则和思路：“清儒多谓身之长于考据，身之亦岂独长于考据已哉！今之表微，固将于考据之外求之也。”

总的来说，《通鉴胡注表微》主要表达了以下三种内容：

一、讲恢复，中国不亡。

二、强调热爱祖国，讲民族意识。

三、反复说胡三省淡泊、不贪富贵，不爱上书，不喜多说，亡国后与政治断绝。

如上文提到的胡三省在《资治通鉴》注契丹灭后晋之事，云：“亡国之耻，言之者痛心，矧见之者乎！此程正叔所谓真知者也，天乎人乎！”

陈垣将该注表微：“人非甚无良，何至不爱其国，特未经亡国之惨，

不知国之可爱耳！身之身亲见之，故其言感伤如此。"

这一句话，既可看成是对胡三省所注感慨的表微，也可看作是陈垣自己的感慨，二者况味相同，已不可分。此类表微之语，既是胡三省的隐衷，亦是陈垣的心曲。

又如，胡三省对《资治通鉴》所载南朝梁边防将官"皆无防寇之心，唯有聚敛之意。其勇力之兵，驱令抄掠，若遇强敌，即为奴虏；如有执获，夺为己富"，慨然下注曰："自古至今，守边之兵，皆病于此。"

陈垣将该注表微："今者谓身之当时。呜呼！岂特当时哉！凡守边之兵，日久则懈，懈则一击而溃，每至不可收拾，身之盖有所指也。""盖有所指"几字，明显是指责中国当政对日军的不设防、不抵抗。

又，《资治通鉴》中写隋文帝时，宇文氏的千金公主请求和亲事："突厥沙钵略可汗数为隋所败，乃请和亲。千金公主自请改姓杨氏，为隋主女。隋主遣开府仪同三司徐平和使于沙钵略，更封千金公主为大义公主。"

胡三省的注释是："千金公主，宇文氏，请于沙钵略，欲复仇。及兵败于外，众离于内，乃请为隋主女。更封以'大义'，非嘉名也，取'大义灭亲'云尔。"

陈垣为该注表微："自晋元渡江，讫宇文氏之灭，河北沦陷者，二百七十余年，至是复归中国。《春秋》大义，国仇百世可复，隋盖为中国复仇也。千金公主乃欲复宇文氏之仇，故隋以大义封而灭之。身之释大义，其说新而切。"

又，《资治通鉴》记唐宪宗时，彰义军节度使吴少阳父子割据淮西，民不堪其苦，至裴度为相，战局遂为改观，裴度入驻蔡州后，仍旧用蔡州兵作为亲卒，有人劝他，蔡州兵新降，其心难测，不可轻信，裴度大笑道："元恶既已成擒，蔡的军民就是我的军民，有什么值得怀疑的！"由是"蔡人闻之感泣。先是吴氏父子阻兵，禁人偶语于途，夜不燃烛，有以酒食相过从者罪死。度既视事，下令唯禁盗贼，余皆不问，往来者不限昼夜，蔡人始知有生民之乐”。读此段，胡三省欣然作色，下注称快：“解人之束缚，使得舒展四体，长欠大伸，岂不快哉!”陈垣表微发表议论，道：“其言似肆，然‘犹解倒悬’已见于《孟子》。身之当时之处境，概可见矣。”

此外，又如胡三省对《资治通鉴》“且屠大梁”一语详加注释说：“屠，杀也。自古以来，以攻下城而尽杀城中人为屠城，亦曰洗城。”

胡三省为什么要对一个浅显易懂的词语不厌其烦地下此注释?

陈垣表微说：“屠城之义甚浅，而重言以释之者，有痛于宋末常州之屠也。”

又如“草市”一词，通常指的就是卖柴草的集市。胡三省却注释说：“时天下兵争，凡民居在城外，率居草屋，以成市里。以其价廉功省，猝遇兵火，不至甚伤财以害其生也。”

陈垣表微说：“百闻不如一见，非身亲其事，不能言之亲切。身之生乱世，故独能了解兵争时事。”

……

可以说，胡三省名为替《资治通鉴》作注，却处处在抒发蒙元灭宋之痛。

 元朝不许汉族人起名字是真的吗？为什么？

别信，这是谣言。

按照谣言的说法，元朝统治者不但不让朱元璋家人起名字，而且不让所有的汉人起名字。

这样的谣言，也真敢造!

您去查《元史》，有名有姓的汉人您数得过来吗?

所以说，这样的谣言，既低劣，又低级。

想不到，居然有人信！

我觉得，有人提出“元朝老百姓不上学和当官就没有名字”这种怪论，是受晚清学者俞樾的影响。

说起俞樾，很多人比较陌生，但他有一个曾孙，因为研究《红楼梦》，也因为和胡适、鲁迅打过笔墨官司，比较出名，可能大家会听说过他的名字，叫俞平伯。

还有，近代大师章太炎、吴昌硕等人都出自俞樾门下，所以，俞樾算是个有料的人。

对我而言，我最早知道俞樾这个人的，是他修改了《三侠五义》，并改书名为《七侠五义》，大大加剧了该书的流行度。

俞樾有一部闲作《春在堂随笔》——为什么说是“闲作”呢？其实您看书名，“春在堂随笔”中“随笔”二字，就应该想象得到了，这是一部漫不经心的著作，并不追求科学性、学术性，就是随便写写，身边事、眼前景、心中意，信手拈来，想写就想，有生活气息、有生活趣味就行。

所以，书中说的许多东西，稍加玩味，付之一笑就好，不必太认真。

在该书卷五，俞樾记录了自己与另一个学者徐诚庵的某次闲谈。

徐诚庵说，他曾经在自己的蔡氏同乡那儿阅读到一份《蔡氏家谱》，家谱上写有一行小字，大意是说：元朝有制度，庶民无职者，不许取名，只能以兄弟间的排行和自己出生时父母的岁数相加为名。

俞樾就觉得很奇怪，认为“此制于《元史》无证”，不过，根据明太祖朱元璋及其兄长等人的名字来看，还是比较符合《蔡氏家谱》这种说法的。而且，绍兴乡间也有这种以夫妻岁数相加为孩子命名的习俗，即《蔡氏家谱》的说法颇有道理……

就这么着，有人一口断定“元朝老百姓不上学和当官就没有名字”。

但是，人家俞樾说的话还没有完，还有下文。

俞樾专门就明朝开国勋臣进行了一番考证。

他发现，开平王常遇春的曾祖为“四三”，祖父名“重五”，父亲名“六六”；东瓯王汤和的曾祖名“五一”，祖父名“六一”，父亲名“七一”，都是以数字为名。

但是，南宋人洪迈所著《夷坚志》中记载的宋时杂事，有提到兴国农民熊二、鄱阳市民刘十二、云南田夫周三、鄱阳小民隗六、云符离人从四、云楚州山阳县渔者尹二、解州安邑池西乡民梁小二、临川人董小七、徽州婺源民张四、黄州市民十六、鄱阳乡民郑小五、金华县（今浙江省金东区）孝顺镇农民陈二……这些，都是以数字为名的平头百姓。

所以，俞樾认为：“按言姓第，不言姓名，疑宋时里巷细民，固无名也。”

看到了吧？俞樾并不认为“元朝老百姓不上学和当官就没有名字”，而怀疑这是宋朝时就有的民间习俗，并非元朝的制度。

想想也对，管天管地，您还管人家取名字吗？

不许天下平民取名字，这不是赤裸裸地拉仇恨、结民怨吗？

作死啊？嫌自己死得不够快吗？

自古以来，会有这样变态的统治者吗？

根本不可能的事嘛。

之所以造成常遇春的曾祖为“四三”，祖父名“重五”，父亲名“六六”；汤和的曾祖名“五一”，祖父名“六一”，父亲名“七一”这种怪现象，归根到底，就是自己文化低，不识字，只能用数字代替。

也就是说，起名字，那是您的自由；您自己不起或用数字代替，那是您自己的事，不要赖别人。

唐代大诗人白居易排行二十二，人称白二十二，他作有《同李十一醉忆元九》《问刘十九》《雨夜赠元十八》等诗，人名都是数字组成的，您不该也认为“唐朝上学和当官了都没有名字”吧？

搞笑。

“元朝十户一把菜刀”是否真有其事呢?

对刀具实施管制，哪朝哪代都会有，不单单是为了防范民众作乱，威胁到统治阶层的地位，同时也有利于地方治安，防止恶性犯罪事件发生。

举个很容易理解的例子。

古代民间出现了入门抢劫的恶性事件，负责维持治安的捕快前往跟犯罪分子对峙，如果彼此武器相等，都是大刀长矛，但一方是舍命求财的亡命之徒，负隅顽抗，做困兽之斗；一方是上有父母、下有妻小的良家子弟，奉命缉盗，不过是履行公事，那么，在接下来的搏斗中，可以很容易判断出会是哪一方获胜。

所以，统治阶层对民间持有刀具进行收缴和管制的做法，应该得到每一个拥护法治、法制的公民的理解和支持。

很多人读了《水浒传》，认为宋朝管得比较松，不禁民间兵刃，但查北宋开宝五年（970 年）公布的禁令：“京都士庶之家，不得私蓄兵器。”

该禁令还在淳化二年（991 年）、景祐二年（1035 年）、庆历八年（1048 年）、嘉祐七年（1062 年）反复予以强调、重申。

甚至，宋朝不但对兵器进行管制，还将天文兵书一类的书籍列为禁书，景德三年（1006 年），宋真宗下诏称“天文兵法，私习有刑”，即对读该类书者进行刑罚。

所以，元朝对民间刀具进行管制，实无可厚非。

《元史·刑法志》有明确规定：“诸杂造局院，辄与诸人带造军器者，禁之。”“诸打捕及捕盗巡马弓手、巡盐弓手，许执弓箭，余悉禁之。诸汉人持兵器者，禁之；汉人为军者不禁。诸卖军器者，卖与应执把之人者不禁。诸民间有藏铁尺、铁骨朵，及含刀铁拄杖者，禁之。诸私藏甲全副者，处死。”

但大家也应该看得清清楚楚，这里说的刀具，是指军器，指弓箭、铁尺、铁骨朵及含刀铁拄杖、盔甲等军用器材。绝不是指切菜用的菜刀，以及砍柴刀、屠宰刀等。

所以，说元代汉人“十户一菜刀”，不过是以讹传讹的谣言。

谣言的最早出处，极可能是由崔高维执笔编写的《历代农民起义史话》。

话说，在公元1958年，由历史学家吴晗牵头，创议编一套大型普及性历史知识读物《中国历史小丛书》，该丛书含近三百种，《历代农民起义史话》为其中之一。

元代汉人“十户一菜刀”的说法就出自“元末农民大起义”这一章。

但是，查任何元朝官方史料，都没有这一种说法。

反倒很多可查事件可以推倒这一说法。

不信？我们来看《元典章》中收录的一个案例，原文如下：

冠氏县申：归问到张记住状招：至元五年七月十二日晚，记住于驴屋内宿睡喂驴，妻王师姑于西屋北间宿睡。至五更起来，见妻王师姑对母阿高告说：“伊姑舅兄杨重二来房内暗地欺骗我来。”以此挟恨，将杨重二用刀子扎死。

王师姑与张记住招状相同。

状称：当夜五更，师姑床上睡着，有人将师姑惊觉。想是夫张记住，以此道：“明也，不做生活去啊，却来睡则么？”本人不曾言语，上床将师姑奸罢，师姑将手摸着头秃，才知是杨重二。本人走了，告说婆阿高。是实。

法司拟：旧例，强奸有夫妇人者绞。今被张记住用刀子扎死，即是杀死应死人。捕罪人已就拘收，及不拒捍而杀，各从

斗杀伤法。用刃者以故杀伤论。罪人本犯应死而杀者徒五年。其张记住合徒五年，决徒年杖一百。部拟：杖一百七十下。省准。断讫。

这个案例说的是：冠氏县（今山东省冠县冠城镇）有一个名叫张记住的养驴专业户，其在至元五年七月十二日晚上在驴舍喂驴、守驴，留下妻子王师姑在西屋北间独睡。哪料，张记住的姑舅表兄杨重二来了，偷摸入屋玷污了熟睡中的王师姑。王师姑开始时以为是丈夫，到后来摸到杨重二的头，发现是生了癞痢的秃头，又羞又气，跑向婆婆阿高氏的房内哭诉。张记住知道此事后，拎刀子把强奸犯杨重二捅死了。

最后，判罚的结果是：强奸有夫之妇的人，应该判处绞刑，但杨重二已被张记住用刀子扎死，即是应死人已被杀死了。张记住杀人，按“用刃者以故杀伤论”，杖一百七十下。

案例并不复杂，但我们应该注意其中两个细节：第一，张记住家里有刀，而从其“扎”死罪犯而不是“砍”死罪犯的行为看，甚至还不是菜刀，很有可能是屠宰牛驴的屠宰刀；第二，官府对张记住的处罚只针对其杀人行为，而对其家里拥有屠宰刀之事一字不提。

据此可知，元代汉人“十户一菜刀”的说法实为无稽之谈。

 一本莫名其妙的奇书横空出世，牵扯出的一则悖论让无数人羞愤不已

话说，康熙五十二年（1713 年）四月，康熙帝突然心血来潮，向位居六部之首的吏部尚书张鹏翮询问：“流贼张献忠入蜀，杀戮甚惨，蜀人曾有记其事之书籍否？”

张鹏翮本身就是蜀人，他的原籍是在四川潼川州遂宁县黑柏沟（今四川省蓬溪县），听了皇帝发问，赶紧“喳”的一声跪下，两手甩袖，

响亮地答：“无有记其事之书籍。”

康熙帝阴恻恻一笑，说：“尔父今年八十有七，以张献忠入蜀时计，彼时其约已十七八岁，必有确然见闻之处，尔问明缮折进呈。”

康熙帝说得不错，张鹏翮的父亲张烺出生于天启七年（1627 年），身逢乱世，见证了明清交替之变，并且又熟习文墨，正适合叙述张献忠屠蜀之事。

张鹏翮没办法，回家向老父亲秉述了皇帝的旨意。

张烺义不容辞，挥毫泼墨，用了两年时间写成《烬余录》一书，由儿子张鹏翮缮疏上闻，尽述自己在明清之际八十余年见闻，其中对张献忠据蜀记载极详，实为最可信、最珍贵的亲闻、亲见、亲历的“三亲”史料，对研究明史、清史、中国战争史、中国人口史均极有价值。

时间将近过了两百年，即清朝末年，社会上突然又冒出了一部书名同为《烬余录》的奇书，著作者却不是张烺，而是徐大焯；书中内容记的不是明末清初事，而是北、南两宋之事。

之前，谁也没听说过“徐大焯”这个名字。

但在这本同样名为《烬余录》的书中，人们可以看到，这个“徐大焯”是个“南宋苏州城北遗民”。

徐大焯版《烬余录》共分两卷，甲编所记内容自称大半出自其先世笔记，多奇谈怪论；乙编则尽记吴中之事，但却与《吴郡志》《中吴纪闻》里面的记载对不上号，让人生疑。

略举几例。

数百年来，人们对宋初“烛影斧声”奇案说法不一，云锁雾罩，不得要领。

徐大焯版《烬余录》却写得言之凿凿，而且香艳生动：宋太祖赵匡胤病重，其弟赵光义前来探病，垂涎于在病榻前侍候的妃子花蕊夫人，一时冲动，欲行不轨，结果惊醒了沉睡中的皇帝哥哥，赵光义不得已，痛下杀手……

读过演义小说《说唐》的人，一望而知这故事是抄自杨广在隋文帝病榻前逼奸宣华夫人的桥段，手法实在低劣。

还有，徐大焯版《烬余录》有模有样地叙述了一通北宋杨家将的事迹，但其中“延昭子宗保，官同州观察，世称杨家将”一句，一下子就暴露了其作伪的老底。

查宋人《隆平集》及《宋史·杨业传》可知，杨延昭的儿子名叫杨文广，杨宗保和穆桂英大破天门阵等事迹，最早见于明代嘉靖年间熊大木所著英雄传奇小说《北宋志传》，杨宗保和穆桂英均属明朝人的虚构。

那么，这个自称南宋苏州的“城北遗民”徐大焯，身份可疑。

近代众多学者经过考证，一致认为这个徐大焯版《烬余录》其实是一本伪书。

但徐大焯版《烬余录》现世之初，很多人都以为它和张煐版《烬余录》一样，是最可信、最珍贵的亲闻、亲见、亲历的史料，对其中所说事件深信不疑。

比如，其中写的蒙古兵杀戮苏州无辜百姓的描述，称：“北兵之祸，杀戮无人理，甚至缚稚童于高竿，射中其窍者赌羊酒。乱后捡骨十余万，葬于桃坞西北周书桥，题名曰万忠。”

读了这条，大家都会异口同声齐骂蒙古人伤天害理，没有人性。

又比如，徐大焯版《烬余录》中说：“鼎革后，编二十家为甲，以北人为甲主，衣服饮食惟所欲，童男少女惟所命，自尽者又不知凡几……鼎革后，城乡遍设甲主，奴人妻女，有志者皆自裁。”

按照这一条文的说法，说的是由宋入元后，城乡都实施保甲制，每二十户为一甲，由蒙古人担任甲主。这个甲主在自己管辖的甲户中作威作福、奴人妻女，为所欲为。

这则“记载”已经够让人义愤填膺的了，偏偏人们在口耳转述时，又添油加醋上许多猛料，最后被加工为这样的说法：蒙古人在数量上远少于汉人，为了能在数量上迅速提高，他们出台了一个恶毒的政策，即实施保甲制，每二十户为一甲，由蒙古人担任甲主，这个甲主占有所管甲户汉族新娘的初夜权——汉族姑娘在新婚之内的三天时间内，新郎不许碰她，而必须送她伺候甲主三天，才允许迎归家里。蒙古人以为，这么一来，这个汉族姑娘生下的孩子就带有了蒙古人的血统，长此以往，蒙古人的数量就可以接近汉族人了。但汉族人为了粉碎蒙古人这一梦想，但凡新娘生下的第一胎孩子，都统统摔死……

这真是一项骇人听闻的恶性政策！

清朝末年的无数汉人听了这一恶性政策，无不羞愤交加。

有些血性男儿，甚至因为这个，血管差点要气爆，恨不得马上拎起刀子去替祖先报仇。

但是，这样的“记录”、这样的传闻，谬误极多，根本就经不起推敲。

比如第一条提到的“乱后捡骨十余万”，根本就是虚妄之词。

当初，元世祖忽必烈南征南宋，曾下诏令：“辜之民，初无预焉，将士勿得妄加杀掠。”并且叮嘱南征军统帅伯颜说：“古之善取江南者，惟曹彬一人。汝能不杀，是吾曹彬也。”

所以，元军在江南杀戮并不重，各地大多望风归降。

而且，查《元史·伯颜传》可知，苏州“都统王邦杰，通判王矩之率众出降”，根本就没发生有徐大焯版《烬余录》中写的笼城战。

至于第二条，史学家李则芬曾指出说：“考里甲组织是明代制度（始于洪武十四年），元代根本无此制。元代行的是乡社组织，其法以五十户为一社，以当地晓农事者一人为之长。社置常平义仓一，以社长主之。”

至于那个“一户蒙古人管理二十户汉人”的说法，另一史学家韩儒林举了个例：元代盛时的集庆路，也就是明朝的南京，共有二十二万五千四百户，其中蒙古户仅十四户；镇江路有十万零六十五户，其中蒙古人仅二十九户。按照这些数字，根本就不可能是“一户蒙古人管理二十

户汉人”，而应该是“每户蒙古人管理七千六百户汉人”，如此数目巨大的“初夜权”，蒙古人是享用不过来的。

台湾著名蒙元史专家萧启庆先生更着眼于从全国人口进行统计，认为元代人口约为一亿两千万，而入居中原之蒙古族人至多是三十余万，以一亿两千万总人口中有一亿为汉人计，则汉蒙人口比例为3333333：1，以此悬殊之人口比例，“一户蒙古人管理二十户汉人”，实在是无法想象。

一句话，“一户蒙古人管理二十户汉人”的“保甲制”根本就不可能实施，“初夜权”的故事只能是天方夜谭！

第六章　乱世枭雄

朱元璋最欣赏的元朝大将

众所周知，明太祖朱元璋在逐鹿中原、开创大明王朝过程中，最为倚重的两大帮手就是徐达和常遇春。

虽说徐达是百年难遇的帅才，但常遇春的能力似乎更全面一些，既可运筹帷幄，也可冲锋陷阵，且罕有败绩。

所以，要论朱元璋对这两人中哪一个更为喜欢，应该是常遇春。

这一点，包括朱元璋身前身后一众文武百官，无不心知肚明。

可是，某日酒后，朱元璋突然问手下文武官员："天下奇男子谁也?"

大家异口同声："常遇春将不过万人，横行无敌，真奇男子。"

朱元璋却摇头大笑说："遇春虽人杰，吾得而臣之。吾不能臣王保保，其人奇男子也。"

王保保乃是蒙古伯也台部人，其父为元翰林学士、太尉赛因赤答忽，母亲是元末将领察罕帖木儿的姐姐，其本人的蒙古名为"扩廓帖木儿"，意为"青铁"。

察罕帖木儿是元廷最后一根擎天大柱，他在被刺杀前一年，大败刘福通、韩林儿的韩宋政权，一举收复河南、山东等地，威势赫赫，气焰张天。朱元璋迫于他的威势，一度萌生降元之想，曾遣使与之通好。而当察罕帖木儿意外被刺，朱元璋收到消息，夺口而出："元廷无人矣！"遂有了收取天下之意。

察罕帖木儿死，其外甥兼养子王保保被封为太傅、中书右丞相、河南王，袭其位、领其军，平定中原，驻兵于汴梁、洛阳一带，被元廷倚若长城。

就因如此，明太祖朱元璋誉之为"天下奇男子"，先后写了七封书信招降。

王保保从山西一直退出漠北，对朱元璋的招降均不答。

朱元璋在王保保的老家河南沈丘俘获到王保保的妹妹王氏，因激赏王保保其人，自作主张，把王氏许配给了自己的第二子朱樉。

《明实录》卷六十八中记：洪武四年九月，"册故元太傅中书右丞相河南王保保女弟为秦王妃"。

朱樉是朱元璋非常看重的一个儿子，封秦王，领兵驻守西安，镇守明朝西北边疆。

朱元璋此举，一方面是继续对王保保进行招降，另一方面也是向王保保致敬。

能成为天子的儿媳妇，应该是一件天大的喜事，但王氏却不卑不亢地进行了抗议。

《国初群雄事略》载："时妃有外王父丧，上命廷臣议之。"当时元朝驻守在云南的王保保的姥爷梁王阿鲁温死，王氏以“外王父丧”为由，婉拒婚事。

但礼部尚书陶凯以“大功以下，虽庶人亦可成婚，况王妃无服”为由，进行了批驳。

朱元璋于是置“外王父丧”于不顾，正式发布册书，册王氏为秦王正妃。

册书中称：“朕君天下，封诸子为王，必选名家贤女为之妃。今朕第二子秦王樉年已长成，选尔王氏，昔元太傅中书右丞相河南王之妹，授以金册，为王之妃。尔其谨遵妇道，以助我邦家。”

王氏嫁给秦王朱樉后，相继生下了三个儿子。

洪武二十八年，秦王朱樉薨，由于其在生前屡次犯错误，朱元璋亲自定其含有一定贬义的谥号——愍。

但毕竟爱子心切，朱元璋随后指定王氏为儿子殉葬。

《明史·秦王传》载：“（秦王）其妃为元河南王王保保女弟……洪武二十八年秦王薨，……王妃殉。”

王保保大概在洪武九年前后已经病逝，且北元残余势力经过洪武二十一年的捕鱼儿海战役，已基本被肃清，所以王氏的存在与否已经不重要了。

 此元末枭雄曾称帝，姓氏几不为后世所知

明玉珍是随县（今湖北随州）人，没读过多少书，投身到农民军中，带兵打仗无师自通，担任了西系天完红巾军徐寿辉麾下统兵征虏大元帅后，不但仗打得有声有色，处理政务也是井井有条。

至正十五年（1355 年）春，明玉珍奉徐寿辉之命，领兵万余，由巫峡引兵入蜀，取重庆、克嘉定（今四川乐山），数年之间，便据有川蜀

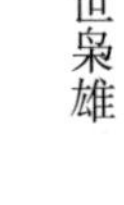

全境。

在明玉珍略蜀期间，陈友谅弑杀徐寿辉，建立了汉政权。

明玉珍怒陈友谅破坏逐元大业，为故主徐寿辉立庙，据川蜀称帝，建国号大夏，定都重庆，建元天统，以其子明昇为皇太子。

明玉珍仿效宋元官制，改六卿为中书省、枢密院，分别管理政务和军务，小朝廷建设得有模有样。

为拓展帝业，明玉珍北取汉中，南征云南，一心将事业做大，进而收取天下。

但是，天妒英才。

至正二十六年（1366 年），也是夏国天统五年，明玉珍病逝于重庆，年仅三十八岁，葬于江北宝盖山睿陵，庙号“太祖”，谥号“钦文昭武皇帝”。

特别补充一下，朱元璋与陈友谅展开生死搏杀中，是非常忌惮明玉珍从中插手的，为此曾派遣都事孙养浩携带自己的亲笔信给明玉珍，援引三国时期吴蜀未能结盟，终被晋人分头击破的历史教训，称自己为今日之吴，指明玉珍为今日之蜀，说：“今之英雄据吴蜀之地者，果欲与中国抗衡，延国祚而保社稷，惟合从为上谋。足下处西蜀，予居江左，盖有类昔之吴蜀矣。”

由此也可见朱元璋对明玉珍的重视。

而通过与朱元璋的接触，明玉珍也感觉到了对方是一代雄主，所以，在临终前，知道自己一死，儿子年幼（十岁），必不能与之相争，于是留下遗言云：中原未平，元虏未逐，予志不能遂也，此殆天意。今西蜀险塞，予没后，汝等同心协力，但可自守，慎勿妄窥中原，亦不可与各邻国构衅。

明玉珍死，太子明昇继位，改元开熙。

一年之后，即明洪武二年（1369 年），朱元璋已基本平灭了其他割据势力，开始谋划收取巴蜀。

一开始，朱元璋只是遣使劝降。

明昇年幼，话事的是明玉珍的皇后彭氏，彭氏一介妇人，不知天下大势走向，坚拒不从。

朱元璋遂于洪武四年（1371 年）春，遣汤和、廖永忠、傅友德等领兵伐蜀。

该年六月，明兵抵重庆。

城中震响，举旗出降。

出于对明玉珍的尊重，朱元璋对明昇母子还算厚道，没有加以杀害，而是于洪武五年（1372 年）派太监遣送其一家二十七人到高丽定居。

应该说，明昇一家在高丽过得还是相当滋润的，明昇娶高丽总郎尹熙王之女为妻，育有四子：大儿子资宪大夫资宪公明义；二儿子总郎公嘉靖大夫明见；三儿子副使公嘉靖大夫明俊；四儿子侍郎公通训大夫明信。

就这样，明昇一家在朝鲜半岛落地生根，繁衍生息，至今已形成一个有四万人之众的旺族。

也许是因为明玉珍后裔不在国内的缘故，后世史家在对明玉珍其人进行历史研究时，突然对明玉珍的姓氏感到困惑起来，致使有的史书记载有“明玉珍，一曰旻氏”之说，有的记载有“明玉珍，一曰旻端”之说。

到后来，很多人认为“明玉珍”只是一个代号，明玉珍应该姓“旻”；或者是姓复姓“旻端”，至于名字，已经无从考究了。

到底是姓“旻”，还是姓“旻端”？

著名的历史学专家吴晗大胆推测、小心求证，最终得出的结论是：明玉珍本姓“旻”，因信奉明教而改姓“明”。

无独有偶，另一历史学家白寿彝在不知吴晗研究结果的情况下，也着力考证，在自己主编的《中国通史》中隆重介绍：明玉珍本姓“旻”，因明教之故而改姓“明”。

两大专家的结论一出，几成定论。

比如重庆作家黄兴邦在写长篇历史小说《明玉珍》时，就郑重地介绍了明玉珍的本姓为“旻”。

此种滥觞引起了明玉珍的后代子孙的抗议。

明玉珍留在国内的后裔已经改姓为甘，有一个名为甘旭清的明氏子孙解释，明玉珍的两位妻子彭氏和林氏分别为其生下长子明昇和次子明重。明昇和母后彭氏去了高丽，而明重则在重庆失陷前逃往甘肃境内，因甘肃简称甘，故改姓甘。

甘氏子孙出示了正德元年（1506 年）四川甘大滨、甘大江、甘大汉所修撰的《甘氏家谱》，上面有详细记载：“我族祖宗渊源，始于姬姓，至秦穆公时，有百里奚、孟明视父子二人考之于史……孟明视为秦国开疆拓地，战功卓著，名振西戎。其后子孙遂以百里孟明之‘明’字为姓。传至魏时，有明亮公，为阳平太守，代代相传，至元朝末年有玉珍公。因群雄作乱，继而红巾军起义，玉珍公率部攻重庆，后立为夏王。”

该家谱清楚地指出从明玉珍起上到明亮公二十八代明氏名讳近八百年的历史记载，力图证明“明玉珍本姓明”。

一个叫明在律的韩国釜山人也提供了韩国《明氏大同谱 · 壬申谱序》《明氏大同谱 · 乙丑谱序》《明氏大同谱 · 辛巳谱序》等几种，指出上面记载的文字：“唯我明氏系出孟明，以名为氏”，以证明“明玉珍本姓明”。

但是没有用。

作为国家权威工具书的《辞海》还是遵循了吴晗先生和白寿彝先生的结论，记载明玉珍本姓“旻”。

明氏子孙对此吐槽不已。

有明氏子孙撰文说：纵观元、明、清以来的各种正式书籍，没有一个人说过“明玉珍本姓旻，后因信奉明教而改姓明”的。如果说因信奉明教就要改姓明，那么朱元璋就应该叫明元璋，徐寿辉就应该叫明寿辉，特别是韩山童、韩林儿更应该叫明山童、明林儿了。

事情发生逆转是在公元 1982 年。

这年 3 月底，重庆市在江北上横街重庆织布厂扩建厂房时，在工地现场发掘了湮没数百年之久的明玉珍墓，出土了“玄宫之碑”及一批丝织龙袍等珍贵文物。

“玄宫之碑”的第一句即为：“太祖随州随县梅丘人，姓明氏，御讳玉珍，为人英武有大志，不嗜声色货利，善骑射。”

由此可见，明玉珍本来就姓“明”。

铁证如山，《中华明姓总谱》编委会在编纂《中华明姓总谱》之时，针对明玉珍是姓“旻”之谬误做出了更正，并专门写了《明玉珍姓“明”不姓“旻”》的论文，以证明“明玉珍本姓明。”

今版《辞海》也尊重历史事实，改正了明玉珍本姓“旻”的错误。

明氏在韩后裔有三万多人，朝鲜有一万多人。韩国的明氏成立有明氏宗亲会，并在三八线上征地修建了望祭台，每年祭祖两次。

明玉珍墓发掘后，明氏宗亲会首批会员访问团一行三十二人于公元 1995 年到重庆祭祖访问。第二年清明节，第二批会员到重庆祭祀。

此后，几乎年年都有规模不等的明氏后人来渝。

一方铜印出土，钩沉起一反元大英雄事迹

公元 1986 年，考古专家在湖北英山县出土了一方铜印。

正面印文为“汴梁行省管勾所之印”；印背一侧刻“汴梁行省管勾所印”，另一侧刻“中书礼部造”“太平二年七月”。

这方铜印勾起了史学家的浓厚兴趣。

这个“汴梁行省”成立于哪个朝代呢？

“汴梁”即是河南开封，为什么铜印会出现在湖北呢？

"太平二年"又是指哪一年呢？

史学家们一查，答案出来了。

太平系元末徐寿辉的天完政权年号，故"汴梁行省"为天完政权属下之行省。

元朝时，今河南、鄂北、皖北、苏北地区属河南行省，治所在汴梁路（今河南开封）。

徐寿辉天完政权在太平二年据有庐州路（治今安徽合肥）、安庆路（治今安徽安庆）、黄州路（治今湖北黄冈）、蕲州路（治今湖北蕲春南）。

其中的蕲、黄两路由天完中书省直辖。

安庆路一带为巢湖水师首领赵普胜占领，且该地区离汴梁较远，天完政权设立行省的话，不大可能称为汴梁行省。

而庐州地处天完统治范围的最北部，与刘福通、韩林儿的宋政权接壤，距汴梁路最近，而"汴梁行省管勾所之印"出土于英山县，英山县在元时属庐州路，那么天完政权在庐州设汴梁行省最有可能。

为什么取名叫汴梁行省呢？

因为汴梁是赵宋王朝的故都（有人以为汴梁只是北宋的帝都，南宋的帝都迁到了杭州，其实，南宋君臣一直将杭州视为"行在"，即皇帝出行暂居的地方，而奉汴梁为帝都）。

虽说刘福通、韩林儿以"复宋"为号召建立了宋政权，而查宋濂《宋学士文集》卷三，《翰苑前集》卷三《于指挥墓志铭》，里面有提道："徐寿辉建伪号曰宋。"徐寿辉的天完政权也同样有"复宋"的思想，则其将属于河南行省的庐州及其周围地区命名为汴梁行省，就不足为奇了。

汴梁行省治所设在庐州，当时庐州的首脑是谁呢？

就是左君弼。

黄金所著《皇明开国功臣录》卷三二《左君弼传》中载："左君弼，庐州人。元季壬辰，群雄倡乱，君弼党于彭祖，聚众数千。"

即左君弼是南方弥勒教首领彭莹玉的门徒，跟随彭莹玉一起举事，据庐州称雄。

跟随彭莹玉一起起事的著名人物还有李普胜、赵普胜，前者据无为，后者据含山。

按照孙宜《洞庭集》《大明初略二》中的记载，左君弼和李普胜、赵普胜的关系并不好——“巢湖水雄双刀赵（即赵普胜）、李扒头（即李普胜）者与庐州左君弼素相仇”。

至正十三年（1353 年）十月，彭莹玉被害于瑞州（今江西高安），左君弼便开始闹分开，动刀子去吞并巢湖水师。

何乔元《名山藏·廖永安传》载：“庐人左君弼者，亦故为彭祖将，以书招永安，永安等不从，君弼率兵攻永安，永安数不胜，乃使韩成持书见高帝（即朱元璋）和阳，愿以舟归。”

黄金《皇明开国功臣录》卷二《廖永安传》亦载：“左君弼据庐州作乱，永安等颇为所窘。”

也就是说，正因为左君弼的武力胁迫，以赵普胜为首，内含廖永安兄弟、俞廷玉父子、张德胜等英雄豪杰的巢湖水师归附了朱元璋，于是才有了后来朱元璋渡江据南京、建大明等一系列风云事件的出现。

因为朱元璋接纳了巢湖水师，左君弼对朱元璋恨之入骨。

大概在至正二十三年（1363 年），左君弼和张士诚结盟，共同对付朱元璋。

该年，张士诚遣大将吕珍进攻韩林儿、刘福通于安丰，左君弼发大军相助。

朱元璋亲率徐达、常遇春入援安丰，救出了韩林儿。

常遇春乘胜追击左君弼，围着庐州打了三个多月，因为洪都（今江西南昌）战事紧急，最终放了左君弼一马。

至正二十四年（1364 年）四月，徐达和常遇春再攻庐州，城下。左君弼本人脱逃，其母妻及子被徐达押送往南京。

左君弼逃哪儿去了呢？逃到安丰，投降了元将竹昌、忻都。

吴元年（1367 年）二月，朱元璋写信给左君弼招降，称："天下兵兴，豪杰并起，岂惟乘时以取功名，亦欲保全父母妻子于乱世。"并主动将其母交还。

一年之后，即洪武元年（1368 年），徐达率兵北伐，平定山东，西指汴、洛，左君弼感到元朝已经垮台，举旗请降。

左君弼降明后，任广西卫指挥佥事，负责驻守广西。

事元又复元的枭雄，晚年被斩臂相赠蒙古王爷

元末明初这段时间里，天下割据势力大致分布如下：

辽东刘益、秦地李思齐、蜀地明玉珍、闽地陈友定、浙地方国珍、东吴张士诚、西吴朱元璋、粤地何珍、滇地匝剌瓦尔密、大理段功、晋地王保保（扩廓帖木儿）、鲁地毛贵，还有影响力较大的韩林儿、刘福通的韩宋政权、徐寿辉的天完政权及其后续的陈友谅南汉政权。

这里重点讲讲秦地的李思齐。

李思齐本是河南罗山人，至正十一年（1351 年），红巾军攻克汝、颍，进而占领江淮各路。元廷屡次派兵讨伐，都无功而返。李思齐与察罕帖木儿（又名李察罕）组织地方武装，一举击败红巾军，顺利收复罗山。

李思齐与察罕帖木儿的功劳原本是一样的，察罕帖木儿得元廷授为汝宁府达鲁花赤，李思齐只得授一县尹。

时间过去了很久，元顺帝听说了李思齐的事迹，不无遗憾地说："人言国家轻汉人，果然！"改授之知汝宁府。

此后数年间，李思齐跟随察罕帖木儿复汴梁，定山东，逐刘福通，降田丰，以功授四川行省左丞。

至正十八年（1358 年），李思齐率兵进陕西，屯凤翔，从此割据一方，拥兵自雄。

李思齐的老上级察罕帖木儿也很风光，得朝廷进封为河南行省平章政事、陕西行台御史中丞兼理河南行枢密院事。

但察罕帖木儿却不满足于此，因为，他地位低于河南行省左丞相答失八都鲁的儿子孛罗帖木儿。

孛罗帖木儿于至正二十年（1360 年）升为中书平章政事，到了至正二十一年（1361 年），在兴和一带击败中路红巾军，得朝廷授命总领蒙、汉诸军，便宜行事。

察罕帖木儿愤愤不平，对孛罗帖木儿语出不逊，严重不服。

孛罗帖木儿大怒，派兵围攻察罕帖木儿军所守之冀宁。

其实，元朝藩将的斗争就是元朝皇帝元顺帝和太子爱猷识理答腊之间斗争的反映。

察罕帖木儿属于保皇党，是站元顺帝一边的；孛罗帖木儿属于太子党，是站太子爱猷识理答腊一边的。

李思齐站在老上级察罕帖木儿一边，征伐孛罗帖木儿有功，得封邠国公、中书平章政事，兼四川行省枢密院事、虎符招讨使。

但是，至正二十一年（1361 年）六月，察罕帖木儿被由红巾军降元的叛将田丰、王士诚刺杀，朝中形势陡然大变。

元顺帝先是隆重地追赠、追封、追谥了察罕帖木儿，然后命其养子王保保全部承接其父的兵马，拜银青荣禄大夫、太尉、中书平章政事、知枢密院事、皇太子詹事。

王保保举兵讨孛罗帖木儿，入大同，进薄大都，替元顺帝除掉了孛罗帖木儿，护送太子爱猷识理答腊入觐，任太傅、左丞相。

是时，朱元璋已灭陈友谅，尽有江、楚地，张士诚据淮东、浙西。

王保保知南方势力强大，不敢轻进，于是驻军河南，檄关中四大将军会师大举。

这四大将军分别是李思齐、张思道、孔兴、脱列伯。

李思齐倚老卖老，撕裂檄文，说："吾与若父交，若发未躁，敢檄我矣!"

回头联络其余三人不听号令。

于是，王保保率兵攻入潼关。

李思齐四人即在长安含元殿旧址会盟，并力抗拒。

双方相持数年，大小数百战，难分胜负。那边朱元璋也得以从容收拾张士诚、方国珍。

太子爱猷识理答腊不得不出来当和事佬，划定潼关为界，李思齐负责关中以西，王保保负责关中以东。

这样安排也是权宜之计。

但李思齐属保皇派，不听太子的安排；而元顺帝又因为王保保已经倾向了太子一派，就让李思齐放手攻打王保保。

就在他们双方狗咬狗咬得正起劲之际，至正二十八年（1368 年）三月，明军大举进入河南。

李思齐与张良弼在潼关迎战，大败，奔回凤翔。

朱元璋贻书谕降，李思齐毁书不降。

洪武三年（1370 年），徐达攻破凤翔，李思齐奔临洮（今甘肃临洮）。

冯胜进围临洮，李思齐走投无路，举城降。

朱元璋对李思齐嘉慰有加，授江西行省左丞，让他与徐达合兵克兴元（今陕西汉中），出兵定西（今甘肃定西），入擢平章政事。

元亡后，王保保随元顺帝逃居漠北。

朱元璋认为李思齐和王保保的义父察罕帖木儿是深交，便让李思齐为使者，前去漠北招降王保保。

李思齐没有办法，只好硬着头皮前去。

王保保见了李思齐，绝口不提过去的恩怨，好吃好喝地招待，并表示投降朱元璋之事自己会慎重考虑。

饭饱茶足，李思齐辞行，王保保派了一队骑兵护送。

到了边塞，为首骑将对李思齐说：“主帅有命，请公留一物为别。”

李思齐一下傻了眼，说：“吾远来无所赍。”

骑将阴恻恻地一笑，说：“愿得公一臂。”

李思齐黄豆大的汗珠从全身毛孔涌出，知不能免，遂回首抽刀，把心一横，刷地砍断一臂，策马急驰。

李思齐南归，终因伤势过重，不治身亡。

 朱元璋巧借元将除大患，最终成就大明基业

西汉末年，王莽篡汉，光武帝刘秀身虽为高帝之后，实则白手起家，披坚执锐，驰骋沙场，血战十五年，以布衣取天下。

这其中，有一件事不得不说。

即光武帝曾于更始二年初冬，以十万之众与盘踞在阳武县的五十万铜马军全面开战。

该战，光武帝以渔阳突骑截断了铜马军的补给线，然后在清阳亭发起势若千钧的一击。

铜马军大溃，逃到清河国馆陶县后，无力再逃，纷纷跪地请降。

时已黄昏，跪倒在暮色中的铜马军铺天盖地，黑压压的一片。

怎么安置这些降兵呢？

而且，这些降兵会诚心诚意投降吗？

光武帝帐下诸将心中都没有底。

光武帝却大手一摆，传令众降将各领各的队伍回营整顿，告诉他们，自己明天再到他们的营地巡视。

降将将信将疑，引兵退去。

第二天，光武帝果然轻装乘马巡营部署。

降将们心悦诚服，交口称赞道："大王推赤心置人腹中，安得不投死乎！"

可以说，光武帝真乃人中龙凤，既有容人之量，又胆色过人，无怪乎能成中兴大业。

明太祖朱元璋的出身低贱，崛起于贫苦百姓的最低层，揭竿而起，天下英雄风跟云随，这其中也不是没有原因的。

成吉思汗四大功臣木华黎后裔，元朝万户纳哈出在太平（今安徽当涂）被俘，朱元璋竭力招降，并让已经归附的元朝万户黄俦充当说客。纳哈出摇头说："我本北人，终不能忘北。"朱元璋感其忠义，下令将其释放。大将军徐达等人大惊，纷纷劝朱元璋将之处斩，免除后患。朱元璋说："无故而杀人，非义。"他召见纳哈出及降臣张御史等人，宣布说："为人臣者各为其主，况汝有父母妻子之念，今遣汝归，仍从汝主于北。"然后发放路费，放他们回蒙古去。

朱元璋此举，让许多降兵都产生了重新出走的想法，军心颇受扰动。

朱元璋知道，也不阻拦，听任自便。

话说元至正十五年（1355 年）五月，郭子兴长子郭天叙为濠州都元帅，张天祐、朱元璋分任左右副元帅。

朱元璋凭借巢湖水军及其战船渡江，连占采石（马鞍山）、太平（当涂），在江南站稳了第一站。

采石到集庆（南京）的直线距离不足五十公里。

集庆的元军无比恐怖，纠集大军前来攻打朱元璋军队。

元军由两部分组成，水军由右丞阿鲁灰、副枢绊住马、中丞蛮子海牙等人率领；陆军以方山（现在南京江宁区的方山一带）民兵为主，由陈埜先率领，共数万直取朱元璋。

元军水军的大船巨舰很快取得制江权，堵住了姑孰口（太平城外姑孰溪的入江口），截断了朱元璋军队回到江北的退路。

陈埜先的两万多方山民兵，则包围了太平城。

太平之战中，徐达、邓愈、汤和在城东与陈埜先轮番交战，汤和中箭受伤，却是拼死不退，血战到底。

最终，大败方山民兵，生擒了陈埜先。

陈埜先自以为必死。

但朱元璋并没有杀他，而是主动释放了他。

陈埜先出乎意料，大感疑惑，问："生我何为？"

朱元璋笑道："天下大乱，豪杰并起，占领城池，称帅称王者不知其几。然则胜则人附，败则附人。你既以豪杰自负，必能识达事机，怎么可能不知道我不杀你还释放你的原因呢？"

陈埜先也笑了，说："你是想让我的军队向你投降吗？"

朱元璋答："当然。"

陈埜先于是写信给各部众。

第二天，大小头目全都率部来降。

朱元璋和陈埜先歃血为盟，结为兄弟，共约合兵攻取集庆。

因为陈埜先已投降了朱元璋，水面上的元军只好放弃堵截江面，撤回了集庆。

不久，朱元璋发兵攻打集庆，陈埜先暗中叮嘱部下不可力战，而等待时机向朱元璋发起攻击。

有人将陈埜先的阴谋告诉了朱元璋。

朱元璋笑笑，说："吾久知其不诚，然杀之恐失豪杰心。"

回头让人找来陈埜先，一脸赤诚地说："人各有心，识见不同。从元从我，任汝所适，不相强也。"

陈埜先对天发誓说："若背再生之恩，神人共殛之！"

朱元璋前嫌尽释，目送陈埜先而去。

陈埜先回到营地，暗中勾结元南台御史大夫福寿，诱杀了郭天叙、张天祐。

不过，陈埜先本人却被金坛县的地主武装误杀，余部由其义子陈兆先率领，屯驻方山，与元行省蛮子海牙在采石的舟师互为犄角，窥伺太平。

至正十六年（1356 年）二月，朱元璋大败蛮子海牙舟师于采石，紧接着，水陆并进，进攻集庆，先于江宁镇破陈兆先军，擒获了陈埜先义子陈兆先。

朱元璋对待陈兆先等人十分优待，不但以陈兆先为心腹将领，封其为兵备宿卫，还从中选了五百骁勇兵卒作为自己的宿卫亲兵。

夜里，朱元璋令这五百人悉数入卫，而屏原来的侍卫于无虑，独留冯国用侍卧帝榻，自己解甲酣眠达旦。

陈兆先五百宿卫兵大为感奋，纷纷相告："既活我，又以心腹待我，何不尽力图报?"

接下来，在攻打集庆的战斗中，这些人争先陷阵，大败元军于蒋山，斩杀元守将福寿，取下集庆。

陈兆先效死力追随朱元璋，鄱阳湖之战中挂一路元帅，力战死，追赠颍上郡侯。

后世对朱元璋释纳哈出、释陈埜先、释陈兆先三人之举，大加赞叹。

尤其是释陈埜先，明知其是有意诈降，还真心接纳，为自己剪除郭天叙、张天祐，最后成就大明基业。

刘伯温在元朝做官时和朱元璋干过仗，史书给写漏了

至正十四年（1354 年）的四月十七日，是元顺帝的生日。按照元朝制度，皇帝的生日称为天寿节，臣下须行庆贺礼。

刘伯温当日和寓居绍兴的元朝官员们一同在绍兴城南龟山宝林寺里举行了庆贺礼，还写了一首题为《天寿节，同诸寓臣拜于宝林教寺，礼

毕、登槃翠轩，分韵得稽字》的五言诗。

此诗很有名，诗中热烈祝贺元顺帝“万年主寿长，百拜臣首稽”，大赞当朝太师脱脱为“太师祇园英，聪明实神启”，歌颂大元江山“巍巍世皇业，乔岳深根柢”，指责农民起义军是“螳螂亢齐斧，碎首堪立溪”。

这绝非一时的应景之作，而是灌注了刘伯温对元廷的满腔爱戴感情的。

在刘伯温的心中，元顺帝是一个圣明天子，太师脱脱是一个可以力挽狂澜的盖世英雄。

元顺帝的昏庸无能，这里就不展开说了。

说说刘伯温心中的盖世英雄脱脱。

可真甭说，此人还真有两把刷子，不仅主持庶政，还亲自带兵镇压农民起义。

邳州（今江苏省邳州市南）人芝麻李领导的红巾军于至正十一年八月攻取了徐州，元军屡次收复失败。

脱脱一怒之下，于至正十二年七月亲自出师征讨，九月二十一日就攻破了徐州。

而这次行动，就充分表现出了脱脱残酷无情、灭绝人性的一面，《元史》卷四一《顺帝纪》、卷三八《脱脱传》记，为了报复和震慑农民起义军，其竟然实施了疯狂的屠城政策。

明代正统年间修的《彭城志》（彭城即徐州）也记载：“元末，丞相脱脱既平芝麻李之乱，而阖城人民无遗者。至国初，犹白骨蔽地，草莽弥望。”

实在是太恐怖了。

想不到吧？刘伯温居然会对这种人歌功颂德。

不过，在刘伯温对其歌功颂德这年年底，脱脱就脱势、脱力，死了。

至正十四年正月，张士诚在高邮（今属江苏）建国，定国号“大

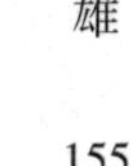

周”。脱脱总制诸王诸省军，号称百万雄师，以泰山压顶之势讨伐高邮，鏖兵数月，所战皆捷。然而就在大功垂成之际，昏庸无能的元顺帝突然猜忌起脱脱来，认为脱脱权力过重，会对自己形成威胁，下诏切责脱脱“老师费财”，削其官爵，夺其兵权。至正十五年，脱脱被流放云南大理，中毒身亡。

而百万元军也哄然四散，大好形势化为乌有。

脱脱虽死，刘伯温仍对元廷充满幻想，认为元朝秉承正朔，中兴大业可期。至正十六年（1356 年）春，江浙行省檄他前往处州，协同处州分元帅府同知副都元帅石抹宜孙讨伐处州境内的农民起义军。

刘伯温欣然从命，于该年五月在处州以行省左丞相（达识铁睦尔）使者的名义，草拟并发布了一篇《谕瓯括父老文》。文告先称颂元朝统一八十多年来“帝德宽大……与百姓安乐太平”，指责“今父老子弟”“徙怨于天，乘间造衅，窃弄戈兵”，以至“惊动天心”，要求“冀父老各体上意，约束其子弟”，否则，自己将对“拒命不从者辄擒诛之”。

在处州三年的时间里，刘伯温与石抹宜孙诗友唱和，其《文集》中保存下来的题赠和酬答石抹宜孙的诗多达八十余首，这些诗抒情言志，互相激励。他们以历史上的忠臣鲁阳公、蔺相如以及中兴唐室的李光弼、郭子仪自勉。

但是，不知具体是从什么时候起，这对曾经“相期各努力，共济艰难时”的诗友后来竟分道扬镳，刘伯温一改初衷，弃官归里，不久投入反元的农民起义军中；而石抹宜孙却忠贞不渝，为他所维护的大元王朝流尽最后一滴血，壮烈捐躯。

刘伯温具体是什么时候与石抹宜孙分道扬镳、弃官归里的呢？

伪托为黄伯生所撰的《诚意伯刘公行状》写：行省复以都事起公，招安山寇吴成七等，使自募义兵。贼拒命不服者，辄擒诛之，略定其地。复以为行枢密院经历，与院判石抹宜孙守处州，安集本郡，后授行省郎中。经略使李国凤巡抚江南诸道，采守臣功绩奏于朝，时执政者皆右方氏，遂置公军功不录，由儒学副提举格授公处州路总管府判。诸将闻是命下，率皆解体。敕书至，公于中庭设香案拜曰：“我不敢负世祖皇帝，今朝廷以此见授，无所宣力矣。”乃弃官归田里。时义从者俱畏方氏残虐，遂从公居青田山中。公乃著《郁离子》。客或说公曰：“今天下扰扰，以公才略，据栝苍，并金华，明、越可折简而定，方氏将浮海避公矣。”会上下金华，定栝苍，公乃大置酒，指乾象谓所亲曰：“此天命也，岂人力能之耶！”……公决计趋金陵。

这啰里啰唆的一大段，其实是刻意回避了两个问题：

一、刘伯温到处州的任务是协同处州分元帅府同知副都元帅石抹宜孙讨伐处州境内农民起义军的，而刘伯温自己也在与石抹宜孙相唱和的诗集《少微倡和集》作序时写：“予至正十六年以承省檄，与元帅石抹公谋括寇。”处州地临括苍山，隋唐曾名括（又作栝）州，后人沿袭，称处为括。“谋括寇”，即平定处州境内民变。

《诚意伯刘公行状》在这里只轻描淡写说刘伯温是与石抹宜孙“安集本郡”，跟着笔锋一转，三次提到方国珍，说“执政者皆右方氏”“义从者俱畏方氏残虐”，“方氏将浮海避公”，刻意造成这种假象，即把刘伯温到处州的主要任务写成是与方国珍对抗。修撰于建文年间的《明太祖实录·刘基传》未辨其伪，也跟着写刘伯温“改行枢密院经历，与参知政事石抹宜孙守处州，以拒国珍”；修撰于清初的《明史·刘基传》更是一脉相承，写刘伯温在处州与石抹宜孙共事三年的任务就是“拒国珍”。

二、在看似不经意的行文中把刘伯温弃官归田与朱元璋进攻的时间错开，说是刘伯温弃官归田在先，朱元璋“下金华，定栝苍”在后，还臆想出一段刘伯温听说朱元璋已经占领了处州后在家里的举动——“大置酒，指乾象谓所亲”，说朱元璋是“天命所归”，不久就决定到金陵投奔。

不用说，《明太祖实录·刘基传》《明史·刘基传》也都沿袭了此说。

但是，《诚意伯刘公行状》却自露马脚，说刘伯温之所以弃官辞职，是“经略使李国凤巡抚江南诸道，采守臣功绩奏于朝，时执政者皆右方氏，遂置公军功不录，由儒学副提举格授公处州路总管府判。诸将闻是命下，率皆解体”。即刘伯温辞职的时间，是李国凤巡抚江南时。

而查《元史·顺帝纪》可知，李国凤是在至正十八年九月由治书侍御史转经略江南的。而元朝的户部尚书分部闽中贡师泰在《云楚庄记》中说：“治书李公经略江南之明年，道出栝苍，得士刘彦明，置诸幕府。又明年，至三山。”

可见，李国凤抵达处州的时间是至正十八年的“明年”，即至正十九年；而离开处州的时间是“又明年”，即至正二十年。

这么一来，刘伯温的辞职时间必须是在至正十九年和至正二十年之间。

而《元史·石抹宜孙传》记：“十八年十二月，大明兵取兰溪，且逼婺……（石抹宜孙）即遣胡深等将民兵数万往赴援，而亲率精锐为之殿。兵至婺，与大明兵甫接，即败绩而还。时经略使李国凤至浙东，承制拜宜孙江浙行省参知政事，阶中奉大夫。明年，大明兵入处州。”

即朱元璋军取兰溪、逼婺州、下金华、入处州是在至正十八年冬和至正十九年之间。

那么，在至正十九年和至正二十年之间辞职的刘伯温此时还应该在石抹宜孙幕下效力，也肯定参与了策划抵御。

这一点，明末学者钱谦益在《牧斋初学集》中早已做出了考证，称：十八年，我兵取兰溪，且逼婺，石抹遣胡深等救婺不克。上既定婺，即命耿再成驻兵缙云，以规取处。石抹遣叶琛、胡深等分屯以拒王师。公（刘伯温）虽不在行间，然未尝不在石抹院中，石抹盖倚之以谋我师也。

写《诚意伯刘公行状》的作者处处以曲笔为刘伯温维护，可谓用心良苦。

但作为当事人的刘伯温和朱元璋，对此一事，肯定是心知肚明的。

此事，也成了这对日后君臣心中的一道障碍。

元顺帝死，刘伯温因此陷入了窘境，无地自容

熟悉刘伯温历史的人都知道，大明开国后的洪武元年（1368 年），刘伯温和朱元璋之间发生了好几件不愉快的事，致使刘伯温在该年八月被朱元璋革掉了御史中丞的职务，黯然回家。

开国之初，虽然是百业待兴，但处处生机盎然，处处新风新气象。

刘伯温却被革职为民，落魄还乡，心情之糟糕，可想而知。

返乡途中，刘伯温百般委屈，伤感莫名，一口气写下了《旅兴》五十首，其中有一首发牢骚说“身世且未保，况敢言功勋”；另有一首自怨自艾，仿佛已看破红尘，虽不说要削发为僧，却也立下了退隐的志向，云：“探珠入龙堂，生死在一瞬。何如坐蓬荜，默默观大运。”

回乡隐居之后，刘伯温仍是愁怀难遣，又写了一首《老病叹》，伤生忧世，叹自己百无一用，称：“我身衰朽百病加，年未六十眼已花。筋牵肉颤骨髓竭，肤腠剥错疮与痂……”

的确，换谁摊上刘伯温这种境况，谁的心理都难以平衡。

从至正十九年（1359 年）刘伯温到应天投奔朱元璋时算起，时间已有七八年了，没有功劳也有苦劳，好歹也算是从龙之臣、开国元勋，朱元璋倒好，一言不合，马上翻脸不认人，真是刻薄寡恩，无情无义！

朱元璋是否真的不讲一点情义呢？

不是的，多少都有点吧。

因为，当年十一月十八日他就下诏要刘伯温尽快回京，诏书上说，

“（汝）去久未归，朕心有欠。今天下一家，尔当疾至，同盟勋册，庶不负昔者之多难”。结尾还特别申明：“言非儒造，实己诚之意，但着鞭一来，朕心悦矣。”

看得出，朱元璋对自己草率严办刘伯温是有几分内疚的，所以在打了一棒之后，马上发几个糖果来哄了。

如果说，刘伯温真抱定了“何如坐蓬荜，默默观大运”的隐居决心，完全可以以老病推托的，毕竟，这一年他也已经五十八岁了，他自己也写诗说了“我身衰朽百病加，年未六十眼已花”，但刘伯温并非后人神化中的“圣人”，行为没那么高洁，和我们普通人一样，忍受不住高官厚禄的诱惑，欣然赴京。

刘伯温一返朝，马上官复原职。

该年（洪武元年，公元 1368 年），朱元璋还发了一道追封刘伯温祖父母、父母的诰书。

恢复了官职，父祖辈又得到追封，刘伯温之前的所有牢骚、愤懑、委屈，都一扫而空。

洪武二年二月壬辰日，志得意满的刘伯温还有些忘乎所以地向朱元璋进言，说：“古者公卿有罪，盘水加剑诣请室自裁，未尝鄙辱之，存待大臣之礼也。”

刘伯温的这个建议，应该是有感而发的。

去年被革职遣返，让他在乡里抬不起头，堪称毕生大辱。

当时，侍读学士詹同侍坐，也有同感，援引《大戴礼》及《贾谊疏》附和，说：“古者刑不上大夫，所以励廉耻，而君臣之恩义两尽也。”

在《明太祖实录》的记载里，朱元璋对两人的建议是“深然之”。

可以说，从洪武元年十一月末到洪武三年六月的这段时间里，刘伯温很是过了一段舒心日子。

洪武三年二月，朱元璋定朝服、公服之制，刘伯温以太史令的身份参与其事，会同省部官员参考历代旧制以定。

该年四月，朱元璋置弘文馆，以胡铉为学士，命刘伯温、危素、王本中、睢稼皆兼学士。

朱元璋给刘基的诰书中，还称："尔资善大夫、御史中丞刘基，朕亲临浙右之初，尔基（指刘伯温）慕义。及朕归京师，即亲来赴。当是时，栝苍之民尚未深信，尔老卿一至，山越清宁。节次随朕征行，每于闲暇，数以孔子之言开导我心，故颇知古意。及将临敌境，尔乃昼夜仰观乾象，慎候风云，使三军避凶趋吉，数有贞利。"

看得出，朱元璋还是很看重刘伯温的。

但是，从六月十五日起，刘伯温迅速陷入了一个新的困境中，并从根本上动摇了他在朝中的地位。

话说，元顺帝妥欢帖睦尔从北京仓皇出逃后，蛰居于应昌（今内蒙古克什克腾旗西北）。左副将军李文忠于该年五月十六日率大军攻克应昌，逐走了元嗣主爱猷识里达腊，意外获知元顺帝妥欢帖睦尔已于这年四月末就病死在应昌了。李文忠欣喜之余，于当日发捷报回朝。

《明太祖实录》卷五十三记：（洪武三年六月）壬申（十五日），左副将军李文忠捷奏至。时百官奏事奉天门，闻元主殂，遂相率拜贺。

即捷报传回到应天的时间是该年六月十五日。

元顺帝死，大明万民欢庆。

朱元璋本人也喜形于色地说："元主守位三十余年，荒淫自恣，遂至于此。"

朝臣纷纷加额称庆。

但是，朱元璋突然把目光停留在治书侍御史刘炳身上，拉长了脸，语气冷峻地说："尔本元臣，今日之捷，尔不当贺也。"

此语一出，朝堂上的气氛突然变得微妙起来。

那些草根出身，跟随朱元璋一步一个脚印打天下的，心情自然是更加舒畅，似喝了一壶老酒，扬眉吐气。

而曾在元朝做过官的，就无比尴尬了。

朱元璋的话虽然不是直接对着刘伯温说的，但就跟直接朝刘伯温脸上扇耳光差不多了。

要知道，刘伯温这时可是朝廷中任职最高的曾食元禄者！

人们看朱元璋在说刘炳，却都纷纷把视线投向刘伯温。

一刹那，刘伯温无地自容。

但刘伯温的羞耻并不仅仅止于此。

朱元璋回头命礼部榜示：凡北方捷至，尝任元者不许称贺。

两百多年后的大史学家谈迁著《国榷》，著述至此，仍感觉得到当年刘伯温无尽的羞耻和窘迫，感慨万分地说：命故元臣毋贺，于以砥节，至严也。诸君子舍彼介鳞，依光日月，方濯磨自效，而竟以首阳风之，不扪心自愧乎？总管府判刘基、翰林国史院编修宋濂，俱食元禄，为开国第一流，当日何以处之？

谈迁同时也指出，朱元璋虽然并非要求朝中任职的元朝旧臣都像不食周粟的殷人伯夷、叔齐那样饿死于首阳山，但必须要借此举让他们扪心自愧，以宣扬“忠君”之道。

补一句，谈迁在此把宋濂与刘伯温相提并论，其实是不妥的。宋濂在至正九年虽有翰林国史院编修之命，实际未赴任。宋濂本人也多次辩解过“臣本一介书生，粗读经史，在前朝时虽屡入科场，曾不能沽分寸之禄”。

再说回刘伯温。

朱元璋在六月十五捷报传回当日，虽然没有直接指责刘伯温什么，但是，五天之后，即六月二十日，他专门向刘伯温提问，说：“朕本农家，乐生于有元之世。庚申之君荒淫昏弱，纪纲大败，由是豪杰并起，海内瓜分，虽元兵四出，无救于乱，此天意也。然倡乱之徒首祸天下，谋夺土疆，欲为王伯，观其所行，不合于礼，故皆灭亡，亦天意也。”要求刘伯温“试言元之所以亡与朕之所以兴”。

刘伯温能怎么说呢？

《明太祖实录》如实记载了刘伯温的回答，为：“自古夷狄未有能制中国者，而元以胡人入主华夏几百年，腥羶之俗，天实厌之，又况末主荒淫无度，政令堕坏，民困于贪残，乌得而不亡。陛下应天顺人，神武不杀，救民于水火，所向无敌，安得而不兴。”

刘伯温以为，祭出“华夷之辨”就可以摆脱自己曾经仕元的“不忠”窘境，也能为造反派头目朱元璋所接受。

但是，形势已经变了。

当年为了驱逐蒙元，朱元璋是在《奉天讨元北伐檄文》里称：“自古帝王临御天下，皆中国居内以制夷狄，夷狄居外以奉中国，未闻以夷狄居中国而制天下也。”而现在北伐已经成功，顺帝已亡，天下将定，“华夷之辨”已非当前基调了，应该以“忠君”为主旋律了。

既要提倡“忠君”，朱元璋本人也是元朝的子民，光用“华夷之辨”是不能洗白他的造反行为的，所以，开首他就说了“乐生于有元之世”——用意很明显：我本来是个农家子，非常乐意生活在元朝统治之下——我是好公民，是忠于元朝的，至于后来又为什么起兵呢？

朱元璋一本正经地解释说：“当元之季，君宴安于上，臣跋扈于下，国用不经，征敛日促，水旱灾荒，频年不绝，天怒人怨，盗贼蜂起，群雄角逐，窃据州郡。朕不得已，起兵欲图自全，及兵力日盛，乃东征西讨，削除渠魁，开拓疆宇。当是时，天下已非元氏有矣。向使元君克畏天命，不自逸豫，其臣各尽乃职，罔敢骄横，天下豪杰曷得乘隙而起？朕取天下于群雄之手，不在元氏之手。”

朱元璋这一句“朕取天下于群雄之手，不在元氏之手”，与三百年后多尔衮、康熙、雍正等人多次提到的“大清江山取于闯贼而不是取于大明”可谓如出一辙，不过朱元璋的说法显然更加牵强。

但无论多牵强，他是皇帝，他说了算，他算是给自己的造反行为洗白了。

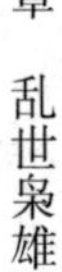

而刘伯温的“不忠”，却已经是注定的了。

实际上，刘伯温在仕元的日子里，也的确是对元朝忠心耿耿、死心塌地。

至正十八年（1358 年）十月，朱元璋兵进处州，在石抹宜孙幕下效力的刘伯温还积极参与了策划抵御。

因为“仕元”问题，因为对元廷的“不忠”，刘伯温这一辈子怕是难以抬得起头来了。

元朝进士余阙（字廷心），于至正十八年守安庆，抵抗陈友谅的进攻，城破后自刎身死。

另一元朝进士李黼，于至正十二年任江州总管，抵抗徐寿辉的进攻，城破后以身殉国。

对此二人，朱元璋为宣扬“忠君”之道，敕礼官称：“自古忠臣义士舍生取义，身殁而名存，有以垂训于天下后世。若元右丞余阙守安庆，屹然当南北之冲，援绝力穷，举家皆死，节义凛然。又如江州总管李黼，身守孤城，力抗强敌，临难死义，与阙同辙。自昔忠臣义士必见褒崇于后代，盖以励风教也，宜令有司建祠肖像，岁时祠之。”

朱元璋此诏貌似与刘伯温无关，但余阙、李黼与刘伯温均为元朝进士，余阙还与刘伯温为同年，他下令褒崇前两位，就等于是变相斥责刘伯温了。

茶陵人李祁也与刘伯温在元同年举进士，他在为余阙文集写的序中就拿余阙的“尽忠”行为与某些人的“不忠”行为做对比，说：“廷心（余阙字廷心）之孤忠大节足以照映千古，烨然斯文之光”，称某些人“为世之贪生畏死，甘就屈辱，而犹靦然以面目视人者，则斯文之丧，盖扫地尽矣”。

李祁是元统元年进士榜第一甲第二名，授应奉翰林文字同知制诰兼国史院编修官，入明后自称“不二心老人”，拒不入仕，写文记事不用洪武年号，无疑他认为自己是“忠君”的，他有资格唾骂刘伯温之类的“不忠”。

刘伯温既被定性为“不忠”之人，则御史中丞一职便不好再当了。

洪武三年七八月间，刘伯温再次被免去御史中丞。

第七章　元朝的背影

中秋吃月饼源自“八月十五杀鞑靼”的传说？

中秋佳节，丹桂飘香，圆月悬空，清辉无限，人们吃月饼赏月，老少团圆，其乐融融，是人世间难得的好时光。

然而，中秋节吃月饼，据说是来自一个血腥的传说。

话说，蒙古统一中国后，根据统一的先后顺序把中国人分为四等，北方人是三等公民，南方人，也就是原南宋的遗民是四等公民。蒙古人为了维护自己的统治地位，实施了高压政策。在最基层的农村，每个村子派一个蒙古家庭或色目人家庭来进行统治。汉族姑娘要结婚，必须把初夜权交给这个蒙古人或色目人。于是就有了汉人结婚后先把第一胎摔死的恶俗。蒙古人还规定，每十家汉族人才能有一把菜刀，且这把菜刀的掌刀权就在管理村子的蒙古人手中，只有这个蒙古人同意，汉族人才能领到刀切菜、生火开灶。

就在这种残酷的统治下，汉族人终于忍无可忍，发动了红巾军起义。

红巾军起义前夕，各地以圆饼传递消息，相约“八月十五杀鞑靼”。

八月十五这天，汉族人按照约定纷纷举旗，并在朱元璋的带领下取得了胜利。

于是，那“诛杀元兵”的圆饼，就演变为了后来的月饼。

这则故事说得有鼻子有眼，像真的一样。

可是，它只是一个传说而已。

因为，即使你翻遍翻烂元末明初各种正史与史料笔记，也不会查得出到底在哪一年的八月十五发生过大暴动，而蒙古人也从来没有派一个蒙古人去管理一个村的制度。所谓一个蒙古人占用一个村子所有新娘的初夜权和十家人合用一把菜刀的说法也是子虚乌有的。

实际上，元代各民族之间的界限极为模糊，统治者在进行户籍统计的时候压根儿就没登记民族成分，蒙古语中甚至没有“色目人”这个词汇。

而且，查一查典籍就可以知道，元代的各级别官员中，汉人（南人）所占的比例高达百分之七十！这也是元朝政府退居漠北后，出现了很多汉人（南人）选择为元朝守节殉国的原因。

也就是说，即使元朝有些政策出现了明显的民族倾斜现象，但四等人制终究不是一个明确的律例，现在史学界的主流观点已经认定元朝“四等人制”并不存在。

所以，我们对“八月十五杀鞑靼”的流言就更应该有清楚的认识。

至于中秋吃月饼的习俗，最早可以追溯到唐朝。

在我国古代，帝王本来早就有春天祭日、秋天祭月的礼制。而在唐贞观四年，唐太宗征讨突厥得胜并生擒其头领，回京之日正好是八月十五。当夜，唐太宗宣布庆贺胜利，全京城通宵狂欢。有吐蕃商人向唐太

宗献饼祝捷，唐太宗持饼向月说了一句“应将胡饼邀蟾蜍（即月亮）”，然后把饼分给群臣食之，于是就有了后来八月十五吃月饼的习俗。

当然，那时还没有“月饼”这个词汇。最早出现这个词，是南宋吴自牧的《梦粱录》。

而对中秋吃月饼赏月的描述，则最早出现于明代的《西湖游览志会》，书中记：“八月十五日谓之中秋，民间以月饼相遗，取团圆之义。”

元末两枭雄，化身为济世菩萨饱受人间香火

话说，元末昏君无道，奸臣当政，天下鼎沸，民不聊生。

至正十一年（1351 年），各地红巾军相继起兵反元。

该年五月，北方白莲教会的韩山童、刘福通等在颍上（今属安徽）发动起义。

八月，湖北罗田商贩徐寿辉与麻城铁匠邹普胜等在蕲州（今湖北蕲春）聚众起义。

十月，徐寿辉在湖北蕲水（今湖北浠水）称帝，国号为天完，年号为治平。

徐寿辉手下有大将，名明玉珍，驻守沔阳（今湖北仙桃），封“统兵征虏大元帅”。

明玉珍武艺高强，每战必身先士卒，冲锋在前。某次，“与元将哈林秃连战湖中，飞矢中其右目，遂眇”，即右眼被流矢射瞎，成了个“独眼龙”。

明玉珍敢打敢战，功绩卓著，徐寿辉升之为“奉国上将军统军都元帅”。

至正十七年（1357 年），明玉珍领兵西征，由巫峡入蜀，攻克夔州（今重庆奉节）、万州（今重庆万州）、普州（今四川安岳）、泸州、叙南（今宜宾）、嘉定（今乐山）等地，最后据有成都，控制了四川和相邻的

陕、甘、黔、滇、鄂边境部分地区。

徐寿辉连番接到明玉珍的捷报，无比开心，任命他为陇蜀四川行省参政。

可惜的是，徐寿辉没开心多久，就被手下的野心家、阴谋家陈友谅杀死了。

明玉珍痛惜不已，三军缟素，为故主发丧，并命令部将莫仁寿镇守夔门，与陈友谅彻底决裂。

随后，明玉珍在重庆城南立徐寿辉庙，春秋祭祀。

陈友谅杀害徐寿辉后，自立为帝，国号汉，史称南汉。

作为回应，明玉珍也自立为帝，国号大夏，年号天统，建都重庆。

明玉珍治国很有一套，其免除了元朝的种种苛捐杂税，实行“轻徭薄赋”，徭役全免，军队屯粮，军需自足。

如此一来，大夏境内“礼乐刑政，纪纲法度，卓然有绪”。

明玉珍也因此成了四川人称颂的好皇帝。

但好皇帝明玉珍年寿不永，仅三十八岁就抱病离世，临终连声痛呼：“元虏未遂，余志不能遂也。”

明玉珍驾崩，年仅十岁的太子明昇继位。

主少国疑，大夏很快陷入了内乱。

明玉珍的文臣武将中，最为得力的两个人为左丞相戴寿、右丞相万胜。

戴寿任左丞相之前的官职是冢宰，乃是文臣之首，他本人也是文人出身。

万胜任右丞相之前的官职是司马，乃是武将之首，他本人是武人出身，在百官、三军和民众中威望很高。

实际上，明玉珍以明教立国，在教中，明玉珍名为“明一”，万胜名为“明三”。

《明氏实录》这样描述万胜：“右丞相万胜者……壮岁智勇过人，夏

主宠爱之，妻以弟妇，故称为明三。数岁总兵，信赏必罚，士卒乐从，所向克敌，开国之功良多。”

明玉珍逝世后，其义子明昭因私怨，假太后旨将万胜诱杀。

《明史·明玉珍传》称：“胜于明氏功最多，其死，蜀人多怜之。”

可以说，万胜之冤死，一如南朝刘宋之檀道济，又如赵氏南宋之岳飞。

夏国军民愤愤不平。

平章吴友仁甚至举旗起兵抗议。

左丞相戴寿顺应军心民意，协助继位的明昇擒拿和诛杀了明昭及其党羽。

但因为万胜之死，大夏国人心离散，国势日衰，于洪武四年（1371年）被朱元璋平灭。

这里重点说说万胜的第二十八代孙女万宁。

万宁侨居于美国，公元2011年专程回国寻根，与其父万积庆、母张碧英、妹万炜、同宗万均凯到四川泸州万氏老家祭祖，并在文史专家赵永康先生的提醒下，参拜了与明玉珍大夏国有关的重庆弹子石摩崖大佛和大佛寺五佛殿。

事后，万宁称，“在参拜五佛殿时，头顶上方冥冥的召唤让我抬起了头”。

她惊讶地发现了三处奇异的地方。

一、通常五佛殿供奉的是三佛两菩萨，即释迦牟尼的报身卢舍那佛、法身毗卢遮那佛、化身释迦牟尼佛以及文殊菩萨、普贤菩萨。三佛两菩萨都是面向前方，笑纳善男信女的祭祀。但这座五佛殿只有中间的三佛像面向前方，旁边的二菩萨却面向三佛，不与参拜者的目光相接，似在躲避着什么。

二、普通五佛殿里面的三佛两菩萨的服饰都是一样的。但这座五佛殿中的三佛穿印藏式通肩袒胸长条袈裟，两菩萨却穿着汉式交领右衽长袍，明显不同。

三、普通五佛殿里面的三佛两菩萨面相粗似，均是额颊圆润、双耳垂肩。这座五佛殿中的三佛头现螺髻、眉心白毫，两菩萨却头为巾覆、眉心无点。

在这三个奇异之处的驱使下，万宁站了起来，走近三佛两菩萨石像细致观察，发现了两个更加惊爆眼球的地方：

一、左边坐在青狮上的文殊菩萨，鼻子竟然是充满戾气的“鹰钩鼻”！

二、右边坐在白象上的普贤菩萨没有右眼，是一个“独眼龙”！

没有任何一本书记载过普贤菩萨是“独眼”的，给菩萨“破相”那是大不敬，那么，是谁要造这样一尊“独眼”菩萨像在这儿供世人供奉呢？

史料记载，大夏王朝开国皇帝明玉珍定都重庆后，命手下大将邹兴在长江南岸凿石建造佛像，目的是镇压水患，保佑往来船只平安。

摩崖石刻大佛像于元至正二十五年（1365 年）建成，距今已有六百五十余年。

明永乐十九年（1421 年），也就是大夏国灭亡五十年后，工匠又在大佛后面的石壁上凿了五尊佛像，建了五佛殿。

摩崖石刻大佛像为独眼皇帝明玉珍下令建造，而大佛寺五佛殿中又出现了一位独眼菩萨，那么，这独眼皇帝和独眼菩萨之间有什么联系呢？

万宁大胆推测，极有可能是大夏国灭于明朝后，那些忠于或怀念明玉珍的工匠将其作为普贤替身，置于五佛殿内供奉、祈祷。

那么，五佛殿中两位菩萨像之一为凡人明玉珍，那另一位菩萨又是谁呢？

根据左尊右次原则，左边那位长了“鹰钩鼻”的文殊菩萨应该就是比明玉珍地位更加尊崇的徐寿辉！

实际上，《湖广总志》《太祖实录·徐贞一本传》等书都记载徐寿辉

“姿状庞厚”“体貌魁岸”“相貌异”。

这“相貌异”，主要体现在鹰钩鼻上吧？

至此，万宁坚定了自己的猜想，认定是身为大夏或红巾军后裔的工匠们，在兴建五佛殿时，暗地里用徐寿辉、明玉珍头像替代了文殊、普贤菩萨，他们用这种移花接木的方法来供奉、祈拜、追思这两位反元英雄、义军帝皇、教中先辈。就因为工匠们巧妙地将徐、明二像的脸朝向中央三佛，从而躲过了官府的注意。

万宁的猜想很快就得到了专家的认同。

饱享人间香火祭祀长达六百多年的徐寿辉和明玉珍真容雕像，得以发现、破解。

“成吉思汗金牌”现鉴宝节目，专家全犯难

成吉思汗起事之初，蒙古族是没有文字的。

为此，金庸先生在《射雕英雄传》写了一个很搞笑的情节，即第六回写成吉思汗向王罕、桑昆谢罪时，因为没有文字，写不了信，只能特意安排了一个“能言善道”的使者前往传情达意。而在书中的最后一回，郭靖和黄蓉准备刺杀拖雷，偷听了成吉思汗使者传达的消息。书中写：“拖雷问：‘大汗说什么？’那使者跪在地下唱了起来。”金庸在行文中解释说：“原来蒙古人开化未久，虽然有了文字，但成吉思汗却不识字，更不会写，有甚旨意，常命使者口唱，只是生怕遗漏，常将旨意编成歌曲，令使者唱得烂熟，复诵无误，这才出发。”

可以说，蒙古文字从无到有的历史，金庸从侧面的反映还是比较靠谱的。

即随着成吉思汗开疆扩土、事业做大，蒙古虽然创制了文字，但这蒙古文字难以掌握，成吉思汗一直学不会。

按《元史》卷一二四记载：铁木真在讨伐乃蛮部的战争中，捉到一

个名叫塔塔统阿的畏兀儿人。这个塔塔统阿是乃蛮部太阳汗的掌印官，掌握金印和钱谷。铁木真得到了他，也让他在自己身边掌印，并帮自己下达命令旨意。一来二去，塔塔统阿就有了用畏兀儿文字母拼写蒙古语的冲动，在得到铁木真同意后，付诸行动，并教太子诸王学习，这就是所谓的“畏兀字书”。从此以后，蒙古汗国算是有了自己的文字，不过，这“畏兀字书”确实难学。

实际上，根据《元史》卷二百二记载：忽必烈当皇帝时，深感“畏兀字书”不利于学习和应用，于是让国师八思巴另创了一套“蒙古新字”。

可惜的是，八思巴“蒙古新字”历史很短，蒙古民间也并不买账，元朝退出中原后便迅速失效而趋于消亡了。

另外，蒙元入主中原不过百年，蒙元统治阶级又有苛刻的等级特权制，蒙古人位居特权最顶端，自认为用蒙古名字、说蒙古话、写蒙古字、穿蒙古服属于特权利益，杜绝汉人窥伺，所以，无论是“畏兀字书”还是“蒙古新字”，汉人都讳莫如深。

正因如此，在中国历史上，元朝最为神秘，其来去如风，留供后世研究的资料少，而且难于破解。

不过，相对“蒙古新字”的失传来说，“畏兀字书”还是流传了下来，毕竟，蒙古族历史、文学的不朽巨著《蒙古秘史》就是以“畏兀字书”写成的。

话说，在公元2000年，有一个农民到辽宁电视台鉴宝节目求鉴定自己家传“金牌”的价值。

这个农民姓李，名李献功，乌兰浩特市索伦镇索伦屯人。

据他说，“金牌”是他父亲于公元1961年到洮儿河挖取沙石的时候挖出来的，发现牌子上的文字很像朋友家珍藏的成吉思汗画像边上的文字，怀疑与成吉思汗有关，就当成传家宝收藏了起来。

时过四十年，公元2000年这年，李献功做生意亏了本，资金出现了

困难，急需一大笔现金，想起父亲临终前留下的这块牌子，就想卖出去换笔钱。

李献功说，“黄金有价，文物无价”，这块牌子既然跟成吉思汗有关，价钱肯定低不了，但到底值多少，自己又说不上，所以，给鉴宝节目栏交了一百元的鉴定费，向专家请教来了。

专家们听了李献功的话，相视一笑，拿起了牌子，轮流把玩起来。

牌子是金黄色的，应该有黄金成分，但纯度应该不高，上面的文字稀奇古怪，根本就不是成吉思汗时代的“畏兀字书”！

专家们把玩来、把玩去，最后都摇了摇头，如实相告，这玩意儿处处透着古怪，鉴定不了，但有一点可以肯定的是，这绝不是成吉思汗时代的东西。

急等钱用的李献功听了专家的话，仿佛一盆冷水从头泼到脚。

李献功觉得，既然不是成吉思汗时代的东西，那文物价值就大不了，总算它的材质里有黄金，干脆拿去金店卖了得了。

于是，从辽宁电视台出来，李献功就沿路寻找金店出售牌子。

第一家金店老板看了这个牌子，面露难色，说，就算它是金子做的，但不知道纯度如何，没法定价，要卖，必须得把牌子熔化掉，单卖黄金。

金店老板的说法让李献功心里直犯嘀咕。

听鉴宝节目的专家说，牌子的含金量可能不到一半，熔化卖，能卖多少钱呢?

李献功犹豫着，离开了这家金店。

功夫不负有心人。

连走了五六家金店后，终于，一家金银首饰加工店的店主答应以黄金的市面价格收购整块金牌，价格是一万七千元!

李献功一蹦三尺高，成交!

但金店老板说，交易之前，还是要检验黄金的纯度的，他有一种简便的方法：从金牌上剪下一小条，再将金条放入硝酸中反应，反应完全停止时剩下的部分就是纯金。

好吧，为了让牌子尽快出手，李献功接受了金店老板的提议。

这样，在金店老板的带领下，李献功来到一所中学的化学实验室。

金店老板用剪刀从金牌上剪下一条，交给了一位化学老师。

老师先在天平上称出被剪下金条的重量，然后将金条放在加入浓硝酸的试管里，用酒精灯给硝酸加热。

硝酸与金属的反应加快了，几分钟后反应完全停止。

金店老板眨巴着眼，对化学老师说，黄金里面可能还有其他的杂质，不妨滴几滴盐酸再次反应一下。

化学老师愣了愣，迟疑了好一会儿，最后缓缓地摇了摇头，说，这种做法是行不通的，虽说黄金不能溶解于高浓度的盐酸、硝酸和硫酸，但是可溶于盐酸和硝酸按3: 1的比例配制成的王水，之前已加了硝酸，再加盐酸，就配制成王水了，会溶解掉金条的。

说到这儿，老师像是有意提醒李献功，说，社会上有些为牟取暴利的金店，会经常使用盐酸和硝酸混合液为顾客清洗黄金，等顾客走后，再用大量金属锌从反应后的混合液中提取纯金。

听了老师的话，李献功如梦初醒，心中好不懊恼，差点被这个金店老板骗了。

得，买卖就此告吹。

也幸亏买卖告吹，牌子才没有毁在商人之手。

回家后的李献功前思后想，想起了自己在报社工作的堂弟李奎功，觉得堂弟好歹比自己多些见识，便去找他商量。

李奎功摩挲着牌子，建议拿到内蒙古大学找研究蒙古文的教授，让他们看看上面的文字到底写的是啥。

行，就听你的！

这样，兄弟两人踏上了开往呼和浩特的火车。

也真是巧了！

在内蒙古大学，接待李献功哥俩的是精通古蒙古语的副校长包祥教授。

包祥教授目光触及金牌的文字，脱口而出："这是八思巴文!"

接着，包祥教授随口就读了出来，并且用汉语进行了翻译："在至高无上的神的名义下，皇帝的命令是不可违抗的。谁若不从问罪处死。"

听说李献功想卖这牌子，包祥教授二话不说，表示自己愿意买下。

经过协商，金牌以五万元成交，以美元结算。

李献功皱着眉头诉苦："我们来一趟不容易，您看能不能多给两三千?"

包祥教授爽快地答应了："好，再给你们三百美元。"

这样，包祥教授付给了李献功六千三百美元，把金牌买下了。

回头，包祥教授就把金牌慷慨地捐赠给了内蒙古大学民族博物馆。

有人曾劝包祥教授："您转手卖，金牌可以多卖些钱呢!"

包祥教授斩钉截铁地说："金牌到我这里就算到对地方了，再高的价钱也不能卖。"

现在，金牌成了内蒙古大学民族博物馆的镇馆之宝。

 一缸元代遗银的故事

公元2017年5月30日，在石（石家庄）济（济南）客运专线工程工地，一台龙门吊在拆除过程中发生倾覆，致使一农民工不幸遇难。

消息传出，最悲伤的无疑是该农民工的家属。

这个农民工是河南周口商水县固墙镇固墙村人，姓何名刚，公元1963年出生，享年仅五十四岁。

说起来，何刚的人生挺不幸的。

他小学毕业后，就一直在家务农，二十一岁娶妻，但仅仅几年之后，第一任妻子就因故去世了。

不久，何刚娶了第二任妻子，夫妻两人去江苏无锡捡破烂。

公元 2003 年，第二任妻子也因患尿毒症去世了。

这之后，老父亲股骨头坏死，老母亲肋部摔伤，一家人的生活全落在何刚一个人的肩上。

这种情况下，他只身跑到山东济南务工，却遭遇上了这意外的夺命大祸。

很多人没有想到，当何刚罹难的噩耗传到故宫博物院——故宫博物院博物馆专家、副研究员梁金生听到这个消息时，感到一阵眩晕，紧接着，他的内心涌出一个强烈的念头：不行，我必须打报告到院里，由院为何刚举办一场追思会！

报告递上，故宫博物院立刻像炸开了锅，大家议论纷纷，都说何刚太不幸了，一致表示同意开这个追思会。

6 月 15 日，故宫博物院贴出告示，缅怀何刚，并将以追思会的方式纪念这位农民捐赠者。

原来，何刚除了是一名普通的农民，他还有一个特殊的身份——文物捐赠者。

公元 1985 年，何刚在自家院子里施工时意外挖出一口大缸，缸内共有十九件精美银器。何刚拒绝了文物贩子背到他家的一麻袋钱，义无反顾地把文物送到故宫博物院，当时负责接待他的就是时任故宫文物管理处处长的梁金生。

6 月 16 日，故宫博物院在网站上发布消息：“深切悼念文物捐赠者何刚同志，近期将在京举办追思会，追思缅怀这位默默无闻为中国文博事业做出重要贡献的无私捐献者。”

公元 2017 年 6 月 22 号，北京下起了瓢泼大雨，故宫博物院风雨不改地在紫禁城最北侧的建福宫花园内首次为一位捐赠者也是一位农民举办追思会。

出席追思会的，除了文物界知名人士，还有何刚的儿子何俊清和女

儿何华、何刚的表哥张黑孩、七十七岁的固墙村村民智告、六十四岁的固墙村村党支部书记刘红恩。

三十二年前，陪同何刚一起进京献宝的，就是这位当时任固墙村党支部副书记的刘红恩。

刘红恩回忆说，公元1985年秋天，何刚在自家院子里修建磨豆腐的石磨，准备挖一个坑支石磨，没想到挖出一口大缸，里面有十九件瓶子、盘子、小船银器。何刚虽然只有小学文化水平，但也意识到这是挖到文物了。当天晚上，何刚拿了其中几件东西，敲开了我的家门，一见面就说挖到宝贝了，问该咋弄，能卖不能卖，别出了啥问题，尤其是别叫人弄跑了。

刘红恩两眼出神，仿佛又看到了那一天的情景。

刘红恩说，当时的何刚满是担心。最终，他和何刚慎重商议后做出一个决定：不能卖、不能犯错误、不能因为这出事，要给国家。但我们不懂啊，就商量咋样才能给国家，这时候想到了一个人，固墙食品公司的主任于东汉，于东汉是当兵转业干部，他有个战友在北京故宫博物院警卫队。于是，第二天，我们找于东汉说了此事。于东汉答应和他们一起进京。经过了两天准备，三人一起动身，先到了漯河，然后买火车票去往北京，把文物交到了梁金生处长的手里。

“当时什么也没考虑，只有一个念头：尽快将这些宝贝交给国家。”刘红恩喃喃地说。

梁金生就坐在刘红恩边上，他说：“为故宫捐献者不乏其人，但作为农民，将从自家挖到的文物捐给国家，何刚还是头一个。”

梁金生还特别提到，当年何刚捐赠东西的时候才二十二岁，给人的第一印象是这个人非常老实、朴实、忠厚，“他是一个农民，一个没有摆脱贫困的农民，一个还在为生存而辛勤劳作的农民”。

“我第一眼看到这些银器就非常惊喜，故宫博物院收藏的元代遗存银器很少，何刚捐献的文物填补了此类藏品的空白，”梁金生说，“本来准备奖励一万元的，但那时候社会上正热捧‘万元户’，故宫为了不要太张扬，就没有奖一万元，而是给了八千元，另外再加一千元车费。”

刘红恩在一旁说，何刚是主动上缴的，而且他说，当时根本没想过要钱，只是觉得“能把我们来回的路费报销就行了”。

捐赠文物后，何刚回到农村家中依旧过着平凡的生活。去江苏无锡捡破烂、去上海搞绿化、去山东当建筑工，辗转多地干杂活、打零工。

但何刚家挖出宝藏的事情却也传开了。七十七岁的村民智告回忆，当时有文物贩子找到何刚家，“掂一麻袋钱要买何刚的文物”，何刚说都给国家了。文物贩子不信，觉得他留着还有，后来三番五次有人上门，全部都是空手回去的。

在相当长一段时间，在何刚周围，好多人都和他说过同样的话，那就是“你亏了，如果那些东西不交上去，管花好几辈子了”。

甚至何刚的女儿曾拿这事奚落他，比如他向女儿要钱还债时，女儿虽然每次都给，但有时也会扔过来一句话：你管国家要钱去。

村支书刘红恩说，何刚是个为人实在的豫东汉子，虽然他家后来发生很多变故，但他始终没有后悔捐献文物。

何刚的女儿何华也含泪补充说：“可无论再难，父亲从没有向我们表露过后悔，多次提到把文物交给国家是对的。”

捐文物后，何家遭受了很多变故，第一任妻子亡故，第二任妻子患尿毒症已经到了晚期，何刚借遍了亲朋好友，家中的楼房只盖了一层后被迫停工。

万般无奈之下，街坊邻居提醒何刚：你以前给国家捐了那么多文物，能不能去北京求助，争取点救济。

何刚写了份申请，村支书刘红恩加盖了村里的公章，写上“情况属实”几个字。在表哥张黑孩的陪伴下，何刚借了一千元路费去北京故宫博物院。

“当时心里没底啊，何刚还打退堂鼓，说故宫曾给过九千块钱，再找

人家还会给吗?”张黑孩说，何刚当时心里很纠结，一是觉得问人家要钱心里过意不去，二是不知道故宫能不能帮忙。

张黑孩回忆：“到了故宫接待室，将盖有村里公章的申请递上去，对方让我们先回河南。过了大约二十天，故宫来电话说，请到故宫取钱。去了之后，故宫给了五万元现金。”

但这五万元钱最终还是没能扭转命运，当年地里倭瓜丰收的时候，何刚的妻子还是离开了人世。

第二任妻子的病逝，使何刚整个人精神几近崩溃，“他总是喝了酒去俺家，诉苦说太难了，不知道以后该咋过”。刘红恩说，这样的日子持续了大半年，在街坊邻居的劝说鼓励下，何刚逐渐从妻子去世的阴影中走出来，再度背上行囊外出打工。

这样外出打工断断续续几年，变故再度来袭。

公元2006年，何刚年迈的父亲患上股骨头坏死，且双目几乎失明，为给父亲治病，家中再次欠下四万元外债。

这一次，依旧是在大伙的建议下，他再次求助故宫。带上村里的介绍信，他借钱去北京找到了故宫博物院，又一次拿回五万元救助款。

何刚这几次到故宫博物院，接待他的都是梁金生，两人因此成了老朋友。

梁金生伤感地说：“每次电话联系，何刚总是道不完的感谢，但能感觉到他心里很苦。”

对于故宫博物院的资助，何刚的表哥张黑孩说：“从北京拿钱回来的路上，何刚就给我说，本来故宫可以不帮的，但是，人家还是拿了钱，等以后翻过来身得把钱还给人家。”

故宫前后两次给予何刚的十万元的救助，全被用于其妻子和父亲的治疗上，何刚没有落下一分钱。相反，因为两位亲人的病，使得他负债累累，过着四处打工的飘零生活。

听着亲历者讲述何刚捐赠文物的故事，故宫博物院副院长任万平数度哽咽，她说：“之前我知道故宫有很多捐献者，了解何刚的事迹后，更加钦佩，我觉得他还是徘徊在生存线上的农民，他的义举更加不容易。以后我们要把文物如何进入故宫的感人故事传播给社会，未来的文物展览要有这样的体现。”

时任故宫博物院院长的单霁翔则说：何刚不仅是一名饱经沧桑、性格刚强的普通农民工人，更是一位深明大义，既有觉悟又有感情的文物保护者和捐赠者。这次举办追思会，不仅是哀悼何刚的不幸遇难，也不仅是感恩他为故宫博物院做出的贡献，更多的是希望将他这种身在困境中还能恪守原则、淡泊名利的精神宣扬出去，用他保护文物的赤子之心去感染更多的人，进而影响和带动更多的民众来关注、参与文化遗产的保护，使文化遗产保护的成果惠及广大民众。

曾经，对于何刚捐赠文物一事，社会上有过质疑声音：从法律上界定，何刚应算“上交”文物而不是“捐赠”。

对此，单霁翔也在追思会上做出了解释：故宫博物院考虑到中国现有法律对于主动上交文物者应享有的精神奖励和物质奖励，缺乏明确标准，很难调动民众的积极性。另外，我国盗掘、贩卖文物现象屡有发生，文物保护形势严峻。故宫博物院给予何刚“捐赠者”的身份，是对守法者的一种更大的鼓励和认同，有弘扬正气和带动示范的作用，也是一种有益的探索。

最后，单霁翔宣布，鉴于何刚家庭屡遭变故，故宫博物院决定再次向何刚家属提供十万元困难补助。

何刚之子何俊清眼含热泪，表示感谢故宫在家里最困难的时候伸出援手，说：“父亲做人正直、真诚、善良，他是个有贡献的人，教我们做什么都要对得起自己的良心。他是这么说，也是这样做的。他说文物属于国家，也要捐给国家。”“父亲去世了，但教诲仍在、精神仍在。”“如果现在再挖出来东西，我们仍然会像父亲那样交给国家。”

铁木真姓"铁"吗，为何会有"铁改余姓蒙研会"？

话说，四川乐山市犍为县同兴乡有一个余家湾，余家湾现有十九户人家，人口在九十人以上，绝大多数都姓余。

这些姓余村民的衣食住行习惯、说话办事作风，均与周围的汉族人毫无差异。他们的身份证上民族归属也是"汉族"，但是，他们却固执地认为自己属于蒙古族。

他们认为自己不但是蒙古族，而且，还是蒙古族里的黄金家族，因为，他们有一个共同的祖先——一代天骄成吉思汗。

这种坚持和自信源自哪儿呢？

余家湾里德高望重——已经七十六岁的老人余海奎说，他有一本编撰于两百年前的《余氏族谱》，上面清清楚楚地记载着村子里的人全都是成吉思汗重孙铁木健的后代。

余海奎感慨无限地说，元朝从公元 1368 年灭亡到今天已有六百多年，我们这个家族从元朝灭亡就迁移隐居到此地，可是居住了六百多年呢。

余海奎老人珍藏的《余氏家谱》其实是个残本，大部分已经失落，仅剩下原来的很小一部分。

余海奎的侄子余元富是个很有干劲的人，立志要补全这部家谱。他进行了三十多年调查研究，走访了内蒙古、贵州等地，已经把完整的家谱了解清楚。

余元富说，家谱里详细记载了成吉思汗家族草原起兵建立元朝到他们如何逃亡到四川的这段历史。其中涉及的历史逸事、祖训族规、服饰礼仪等，对研究元史及历史变迁均有重要价值。

成吉思汗后裔为何改姓为余呢？

余元富侃侃而谈，他说，成吉思汗重孙铁木健共育有九男一女，九个儿子都中了元朝进士，就连他女儿嫁的丈夫也沾了他家的福气，高中了进士，家谱上因此载有“九子十进士”之说法。元顺帝时，朝政混乱，天下将倾，民变四起，其中的红巾军起义声势浩大。铁木健的子弟在朝中任宰相、尚书等要职，却遭到奸佞小人诽谤中伤，被诬蔑成内奸，暗中和红巾军勾结。昏庸颟顸的元顺帝不分青红皂白，传令将铁木健全家抄斩。铁木健一家又不傻，岂肯坐以待毙？他们连夜逃出京城，辗转到达泸州凤锦桥。为了避免人员过多暴露目标，大家决定在该处分头跑路，并相约改姓为余，寓意“杀不尽、斩不绝，还有余”。

说到这里，余元富还饶有兴味地说了一件趣事：铁木健九子一女分手前，考虑到这一别，相见之日遥遥无期，为了让后人记住自己是元朝皇族，十个进士每人吟诗一句，作为日后认亲的凭证。

这十句诗为：

一、本是元朝宰相家。

二、红巾作乱入西涯。

三、泸阳岸上分携手。

四、凤锦桥头插柳杈。

五、否泰是天还是命。

六、悲伤思我又思他。

七、十人识别归何处。

八、散时犹如浪卷沙。

九、余字更无三两姓。

十、一家分作万千家。

余元富万分伤感地说：“诗写好后，十人便各自分散，没想到这一别就是几百年不曾相见。而在这六百多年里，为了防止被朝廷诛杀，铁木

健后人在民间一直隐姓埋名，兄妹十人的后代都没有会过面。”

余元富稍微停顿了一会儿，然后神采飞扬，声音清亮起来，说：“直到我在近三十年修谱工作中，根据祖先遗留诗句，才在犍为发现了无数铁木后裔，大家才走到了一起。”

余元富补充说，铁木健九子一女在泸州分散后，分别流落到了今天的重庆、泸州、富顺、纳溪、青神、荣县、乐山等地，我们犍为县余家湾只是其中一支罢了。

现在，余家湾人表面与汉族人相差无异，但骨子里还有一些祖传的东西不会改变。

比如，六百年来都有不过中秋节的习惯——原因很简单——传说，红巾军相约“八月十五杀鞑子”，是中秋节起兵的。

还有，余元富说，为了纪念成吉思汗，我的家里一直供奉着成吉思汗的画像，每天我都要在这个画像前注目几分钟。在一些重要日子，我们全家人都会穿上蒙古族服装走上街头。

对于犍为居住的余氏家族坚持自己是成吉思汗后裔一事，很多专家都觉得是非常有可能的。

在乐山师范学院长期从事地方史研究的杨炳昆教授就说，元朝靠武力征服天下，统治基础并不牢固。为了巩固统治，蒙古贵族分散驻扎各地。元末明初时，元朝统治者败得很匆忙，不可能撤回蒙古草原，必然在全国各地留下蒙古贵族后裔。

公元2003年，四川省民族研究会、四川省历史学会经过充分研究，干脆成立了一个名为“铁改余姓蒙研会筹备组”，专门研究铁改余姓这段秘史。

“铁改余姓蒙研会筹备组”于2003年3月27日在宜宾市召开了明清时期西南地区蒙古族历史和文化学术研讨会。

会议期间，专家学者引经据典，一致证明铁改余姓是蒙古族，是成吉思汗的后代。

山民自称成吉思汗后裔，山上有点将台和跑马场

成吉思汗是闻名古今中外的历史人物。

七八百年来，中外各国的政治家、军事家和名人学者从不同角度研究和探讨成吉思汗，对于其最后的评价，争议极多。

但不管褒与贬，都不能否认其曾经是震古烁今的存在。

柏杨在《中国人史纲》中用饱含深情的笔触写道："铁木真是历史上最伟大的组织家暨军事家之一，他在政治上和战场上的光辉成就，在20世纪之前，很少人可跟他媲美。铁木真胸襟开阔，气度恢宏，他用深得人心的公正态度统御他那每天都在膨胀的帝国，高度智慧使他发挥出高度的才能。"

著名学者尼古拉·列里赫赞颂成吉思汗领导下的蒙古民族，说："亘古开天辟地以来没有一个民族如此强大。"

联合国秘书长安南语及成吉思汗，崇敬无限，说："游牧民族的文化是全人类伟大的文化。13世纪成吉思汗统一蒙古部落，建立了世界上举世无双的庞大的蒙古帝国。他所建立的政权和法律，至今对世界各国和地区仍然有积极意义。我早就有个愿望，很想到具有悠久历史的成吉思汗家乡去看看。"

……

看看，成吉思汗的魄力是如此之雄大盖世，魅力是如此之延泽千秋。

原本，蒙古人应该是喝马奶、吃羊肉，策马驰骋在万里无垠的草原上的，你也许不会想到，会有这样一群蒙古人，生活在大山深处，绝少与外界接触，在山间开辟出数千平方米的平地，打造成由点将台、马槽、跑马场、箭池等组成的骑射场，延续着蒙古族人练习骑射的习惯。

这个地方，就是重庆彭水县高谷区鹿鸣乡的向家坝村。

村子冠以"向家坝"之名，但村民主要是张、谭二姓。

这张、谭二姓村民加起来共有一千五百多人，来自同一个祖宗，现在身份证上全部认定为蒙古族。

七十六岁的张友安原先曾担任过彭水县原高谷区武装部部长，算得上比较有威望的人，他经常挂在嘴边的一句话就是："按辈分算，我是成吉思汗第二十八代子孙。"

对于自己这个特殊身份，张友安说，族间有本世代流传的家谱，前面一部分是蒙文，后面一部分是汉文，由每代传人保管。幼时自己与伙伴在张攀桂家玩耍，从灵牌里翻出该书，被族间长辈狠狠训斥了一顿。家谱除保管的传人，其他人不能随意翻看。可惜在 20 世纪 60 年代被焚毁，留下永远的遗憾。

不过，张友安非常有自信地指着村口那块长约七百米，宽约百八十米不等的平地，振振有词地说，我祖父张敦三讲过，这是蒙古族人当年练习骑射的场地。骑射场由点将台、马槽、跑马场、箭池、跑马拐弯的窝子等组成，农闲时，同族人聚集在此训练骑射。

该村村支部书记张远权点头作证说，听祖辈们口口相传，事实就是这样。

张远权还说，村里有一座八角庙遗址，这庙原来规模很大，供有一匹泥塑白马，村里同族人每年都要到庙里祭祀。要知道，蒙古族中供奉白马的才是真正的皇族，这也是我们认为自己是成吉思汗的后人的有力证据之一。

六十七岁的张友亮有一个从祖上那儿口口相传的故事，即"八世祖张汝器在高坎子招生练武"的故事。

张友亮兴味盎然地说："汝祖（指张汝器）每批招四五十人不等，一人一骑，专门训练骑马射箭。人在马上背三支箭，马在道子里长驱直入，到尽头急转弯时，骑士连发三箭，箭箭命中靶心，才算毕业。"

对本宗族迁徙历史研究最深的张宏说："我们全村都是蒙古族，追根溯源都是成吉思汗的后人。"

说起村子的发展史，张宏如数家珍：公元1368年前后，朱元璋的军队攻入大都，推翻了元朝统治，元朝末任皇帝元顺帝的八位兄弟被大军驱散，分头逃难，其中五人逃到了四川。公元1374年，朱元璋派兵入川征剿，五兄弟被追到凤柳江边桥头（今嘉陵江畔合川一带），再一次解散以自求生路，他们盟誓吟诗："本是元朝帝王家，洪军追散入川涯。绿杨岸上各分手，凤柳桥头插柳椏。各奔前程去安家。咬破指头书血字，挥开眼泪滴痕沙。后人记得诗八句，五百年前是一家。"数百年后，其中一支后裔居住在现重庆奉节附近，传人谭启鸾还成为明朝川湖总督属下武官。公元1648年明朝覆灭，谭启鸾不愿降清，逃至彭水下塘口，被当地一张姓人家收留在此隐居，并攀亲成为张家姑爷，改姓张，改名攀贵。张攀贵后来育有三子，长子姓张，其余两子姓谭，并搬迁到鹿鸣向家坝定居。从此，他的后人便姓张、谭二姓，共用同一宗祠与家谱。而当年元朝皇室八兄弟临别时的诗句，也作为祖训代代相传。

叙述完这段历史，张宏挠了挠头皮，说，当然，也有专家对这个传说的细节有所质疑，理由是据《元史》记载，元顺帝为元明宗长子，而明宗只有二子，所以帝王八兄弟之说无依据。但专家普遍认为，蒙语汉译多以"八"字开头，所以八很可能不是实指，而是蒙古子孙流入四川后，为纪念祖先按汉语具化而来。

村支部书记张远权补充说："因是同宗，祖宗要求张、谭两姓不通婚。这是村里保留得最好的习俗，数百年来无人打破禁忌，无论娶的媳妇或找的女婿，都来自外姓。"

的确，村子里曾有张、谭两家共用的祠堂，祠堂内的石凳、水缸、灶头等用具均做成八面、八方或八角形状，房屋结构也保留了"沙帽顶"，大致和蒙古包的样式相仿。

村里八十一岁的张远杨称，自他记事起，每年农历二月十七日，全村蒙古族人都要聚集在一起，共同祭祀他们的先祖。祭祀仪式上，由族里传人讲述蒙古族逃难迁徙的历史，然后一起吃顿饭，当地人称苏鲁定节。

七十三岁的张友明还极其神秘地说："现在，同族人中有老者去世，写包封时，有人还会把成吉思汗叫汗，当作祖先写上。"

"不管怎么样，"张宏说，"我们就是希望把传统的文化习俗重新发扬光大。"

对于文化习俗发展的成效与前景，张宏信心很足，他说，这几年来，多位专家及内蒙古相关机构都曾来这里进行考察和研究。其中，内蒙古电视台"草原之声"栏目还来拍摄了专题节目。最最重要的是，村里一千五百人的身份证上，都注明了蒙古族的身份。这让大家更加坚定了恢复传统习俗的决心。

彭水县民宗委民族研究所所长安仕均却说，尽管向家坝人的推算和说法有一定道理，但因历史久远，需要支持这个观点的证据有待进一步挖掘，他本人不敢妄下结论。

倒是长江师范学院王希辉申报了一个名为《散杂居民族的文化变迁与文化固守——重庆蒙古族的个案研究》课题，已成功立项。国家民委、财政部等在全国开展的少数民族特色村寨保护与发展项目中，向家坝蒙古族聚居点已被列入中长期建设规划。

与世隔绝的大山深处，深藏八百多成吉思汗后裔

湖北西南部恩施土家族苗族自治州鹤峰县是个神奇的地方。

这个地方古称拓溪、容美，又称容阳，战国属巫郡，秦时属黔中郡，汉时属武陵郡，元代属四川，明清归湖广。

清雍正十三年（1735 年）"改土归流"始名鹤峰，置直隶州，属宜昌府。光绪三十年（1904 年）升直隶厅，隶属施鹤道，直属湖北布政使司。

中华人民共和国成立后，公元 1980 年在鹤峰成立土家族自治县，仍

属恩施行署。三年之后，即公元1983年设立鄂西土家族苗族自治州，撤鹤峰土家族自治县，仍然称鹤峰县。

鹤峰属于著名的高山县，平均海拔1147米。公元2000年第五次人口普查，全县总人口约22万，少数民族人口11.2万，占51%，其中土家族10.5万，苗族6480人。

但很多人不会想到，在这个遍布高山密林的小县，竟然生活着一个来自遥远草原的少数民族——蒙古族。

说起来，这个蒙古族还是一代天骄成吉思汗的后裔——草原黄金家族呢。

现在，还有很多人感到难以置信。

要知道，这个族群隐匿在云蒙山大山深处，与外界隔绝，长达三百年来不为外人知晓。

云蒙山在鹤峰县中营乡三家台，多深沟峡谷和悬崖峭壁，最高处海拔2054.2米，最低处海拔1320米，年降雨量丰沛，森林资源丰富，共有254户人家散居在18.8平方公里的山腰、坡尖、坪坝。

村民都自称是“成吉思汗子孙”。

房屋也依照草原蒙古包的外形建造，充满了草原民族风情。

村党支部书记部先茂说：“我部氏为蒙古族黄金家族，祖先出生在斡难河边呼伦贝尔草原上。”

宗族族长部先瑞老人的家里珍藏着一部宝贵的家谱，记载着他们祖先的渊源、传承和迁徙。

其中的开篇赫然记道：“旧有记云，吾家铁木真姓也，原籍蒙古，元太祖之后。元史顺帝时，信州镇南王之子，被陈友谅兵败，大圣奴不知所终，公之先远祖有讳斡难，兀者因居斡难河之源，因以为氏，其以部为姓，则始于公，故奉为一世祖，葬松滋苦竹寺，今称部家大坟者是。”

从这段文字不难看出，鹤峰三家台村部氏家族就是成吉思汗的后代，在松滋一个叫苦竹寺的地方还葬有他们的祖先。

现在，部先瑞老人家堂屋正中家神上，还供奉着成吉思汗画像。

相关史书也有记载：成吉思汗的四个儿子被称为“四曲律”（“曲律”是蒙古族对卓越的人才的敬称），成为成吉思汗黄金家族的四大支柱。忽必烈统一中原后，为了加强对全国的管理，分封诸子藩镇要地。部先瑞老人所藏家谱上提到的“镇南王”，是忽必烈第九子脱欢。脱欢得到的是全国最富有的江淮地区，镇所初设武昌，后又移镇扬州，他本人后来成了蒙古族家族河南、湖北分支的始祖。元代最后一位镇南王大圣奴，于至正十九年（1359 年）守信州（今江西省上饶市），被陈友谅部属攻陷，大圣奴身亡。大圣奴一小儿被义仆收留，藏在观音菩萨的龛座下，得以幸存。后长大成人，改部姓，意为祖先曾是蒙古草原上骁勇善战的“部落”。因得观音菩萨庇护脱生，取谐音“官荫”为名。部官荫便是部姓始祖。

部先瑞翻着家谱，指着上面的相关文字，介绍说约清乾隆二十一年（1757 年），进山公公部氏十一世祖部锡侯从湖南澧州迁入鹤峰中营乡三家台落业。至今已扎根三家台生息繁衍二百三十多年了。

部先瑞家里的家谱得到了内蒙古自治区民族事务委员会的认可。

该委员会认定，流落在鹤峰的部氏家族是六百多年前因战争进入中原后失散的成吉思汗后裔。其世系初步考证为：成吉思汗——拖雷——忽必烈——脱欢——脱不花——孛罗不花——大圣奴——部姓族人。这支部姓后裔，共八十四派，目前已传承十代。

 此人自称成吉思汗后裔，知道陵墓在哪里

现在在内蒙古自治区西部的鄂尔多斯高原上有一座成吉思汗的陵墓。

但这里其实只是一座衣冠冢而已！

人们关心的是成吉思汗的真墓到底在哪儿。

从事民族史、民族史学理论、民族地区经济的教学和研究，现兼任

中国史学会理事、中国民族史学会副理事长，山东大学、上海交通大学兼职教授陈育宁说，最近两百年间，曾有一百多个考察队，为此四处搜寻。最近20年，这种探寻活动仍未停止，而且有不断升温的趋势。有些机构甚至不惜投入、动用精密仪器，调动各种手段。成吉思汗究竟葬于何处？这至今还是一个待解之谜。

在公元2012年10月，河南龙门石窟研究所原所长温玉成突然抛出了“成吉思汗陵道孚说”，即他认为成吉思汗葬于甘孜州道孚县协德乡。

对于温玉成的说法，陈育宁持疑问观点，他说：“‘道孚说’不过是‘成陵之谜’的一个新版本。迄今为止，关于这个谜，已有多种版本。但无论哪一种，都没有有力的证据。‘道孚说’也仅仅是一种猜测。”

温玉成为了证明自己所说有据，称在公元2010年，内蒙古呼伦贝尔市委宣传部部长孟松林曾告诉他的一条“民间信息”——成吉思汗陵是在四川大金川、小金川之间，为此，他专门到实地考察了一番。大金川和小金川就是现在的金川县、小金县。经过考察，他把成吉思汗陵的具体位置定位在小金县西边的甘孜州道孚县协德乡。

那么，孟松林提供的“民间信息”是从何而来呢？

温玉成说，孟松林当时说了，信息提供者是大连的一位厨师。这位厨师的母亲名叫乌云其其格，自称是成吉思汗第三十四代后裔。厨师还曾拿出过几件文物予以佐证。

乌云其其格，是有些名气的，此人曾在公元2009年向媒体透露过“成吉思汗陵墓在四川”的说法，一度引起国内外多家媒体的关注，但学术界没有给予相关重视。

乌云其其格的住址在大连市西岗区东关街。

当专家和记者找到她家时，才得知她已于公元2011年年底去世，她做厨师的儿子滕传义也已经脱离厨师行业，玩起了古玩，在东关晨阳古玩市场经营一家古玩店。

面对专家和记者，已经六十三岁的滕传义自豪地说：“母亲是独生

女，我是她的唯一承继人，因此我是成吉思汗第三十五代后裔。”

滕传义也坦承说，“成吉思汗陵墓在甘孜”这个秘密，就是他告诉孟松林的。

至于抛出“成吉思汗陵道孚说”的河南龙门石窟研究所原所长温玉成，滕传义不屑地说：“我和我母亲从来没有与温玉成见过面，他说的实地考察得出的结论太盲目了，明显走入了误区。其实我很想跟他联手，结果他去考察，却不与知道这个秘密的我联系，真不知道他是怎么想的。”

当专家郑重问起成吉思汗陵墓到底在何处，滕传义却卖起了关子：“我是后裔，成陵在哪我能不知道？但我没有义务说出来。”

为了搞清楚滕传义究竟是不是成吉思汗的后裔，专家和记者找大连警方查证，滕传义的户籍显示是汉族。

不过，民警分析说，有可能是登记错误，或父亲是汉族。不过，可疑性很大，因为按他自己所说，他是如此重视自己的身世，而母亲真是蒙古族的话，他被登记成汉族了，他怎么不向公安机关反映？

另外，滕传义户籍上登记的籍贯是山东烟台。其母亲乌云其其格因已经去世，其户口已经销户，难以查证。

有趣的是，那天专家和记者从滕传义古玩店出来时，他在后面大声说：“我要去四川去祭祖，晚来一天，可能就不好找我了。”

所以，当记者在户籍登记处致电滕传义时，滕传义没有接电话，而是回复了一条短信，称：“已抵达成都。”

滕传义的说法是真是假，只有他自己知道了。

 日本英雄源义经是怎么被演化成成吉思汗的？

源义经是日本人爱戴的传统英雄之一，谁要说源义经不好，日本人就会跟谁急！

源义经的河内源氏是清和源氏的一支，英雄辈出，各代都有名将。

枭雄平清盛于平治元年（1159 年）策动“平治之乱”，源义经的父亲源义朝败亡，平清盛顺利夺取了京都政权。

为斩草除根，平清盛大肆捕杀源义朝的子女。

源义经当时只有一岁，在母亲常盘的怀里呱呱地哭闹着要吃奶。在风雪中逃亡的常盘最终躲不开平清盛的追杀，跪倒在平清盛的马蹄下。

平清盛是个色中饿鬼，被常盘的美貌所吸引，一见钟情，放下屠刀，纳常盘为小妾。

为了孩子的性命，常盘坚守一个原则“即使肉体的节操交给仇人，内心的节操还是属于义朝的”，嫁给了平清盛。

平清盛色令智昏，养虎为患，把敌人的儿子抚养大了。

源义经在母亲的精心培养下，文武双全，在十六岁那年投奔了奥州的藤原秀衡。

奥州藤原氏拥有陆奥、出羽两国，势力相当强大。藤原氏第三代秀衡赏识源义经的才华，对他十分优待。

源义经的异母兄源赖朝于治承四年（1880 年）八月奉以仁王讨伐平氏的命令，纠合东国（关东诸国）的源氏家人起兵。

源义经积极响应出征，在藤原秀衡的支持下，领藤原家臣佐藤继信、忠信兄弟会见了哥哥赖朝，合力攻打平氏。

经过多番较量、反复鏖战，文治元年（1185 年）二月，义经在坛浦（今山口县下关市）全歼平氏军，报了不共戴天的杀父之仇。

然而，功成之日，便是兄弟反目之时。

源赖朝忌妒弟弟源义经的才干，不但不许源义经返回镰仓，还收回了过去赐予源义经的二十四处平家充公领地。

这还不算，源赖朝还派人向源义经行刺。

行刺失败后，一不做、二不休，源赖朝亲率大军讨伐源义经。

源义经见势不好，仓皇离开京都出逃，历尽千辛万苦，于文治三年

（1187 年）回到了奥州。

藤原秀衡要为源义经出头，无奈身患重病，有心无力。临死前，藤原秀衡留下遗言，要后嗣泰衡和国衡和睦相处，并以源义经为大将，合力讨伐源赖朝。

藤原秀衡很傻很天真，权力这种东西，从来都不是可以共享的，就如源赖朝，为了权力的独享，不惜对兄弟源义经痛下杀手。

泰衡和国衡也一样，根本不可能同心协力。

文治五年（1189 年）闰四月，泰衡为压倒兄弟国衡，与源赖朝相勾结，蓦然发兵袭击源义经。

源义经的部众全部战死。

源义经自知大限已到，走进持佛堂，残忍地割下妻子的头颅，又扑杀了自己四岁的女儿，然后取出自幼不离身的防卫刀“今剑”，忍着剧痛，给自己开膛剖腹，抽出肠子，寸寸切割，并从容吩咐手下人纵火烧馆，最后断气，时年三十一岁。

《吾妻镜》文治五年条明确记：“（源义经）入豫州持佛堂，先害妻子，次自杀。”

泰衡派使者新田高平把源义经的首级浸泡在烈酒中，带到腰越向源赖朝请功。

源赖朝验明是源义经的首级无误，命人葬于藤泽（今高座郡藤泽宿板户町白旗明神社）。

源义经的死很壮烈，而且，毫无人性的杀妻杀女行为、不怕痛的切腹狠劲，极符合武士道精神。

源义经生前并不很引人注目，但死后却得到京都贵族的赏识，迅速封神。许多关于源义经的传说和故事，仿如一夜之间，出现在净琉璃、歌舞伎、幸若舞、谣曲等各式各样的文艺形式之中，广植于民间。

源义经成了日本人典型的英雄人物。

也不知是谁，突然脑洞大开，认为源义经这样的英雄人物如此草率地死去，未免太过可惜。不行！英雄的故事不能就此结束！源义经应该还没有死！他应该在另一个战场继续创造奇迹。

于是，在日本的江户时代，有人捏造出源义经逃出日本，到达中国，成了当时金帝国一员威名远扬的大将的故事。

故事是这样说的，源义经在形势危急之际，将与自己面貌相似的杉目太郎行信留下做替死鬼，自己金蝉脱壳，带一帮家臣逃到北方，渡海入北海道，再经由库页岛到了中国。

为了证明所说非虚，捏造这则故事的人言之凿凿地说，《金史别本》中明确记载有公元12世纪金朝盛世时有一位名叫“源义经”的大将。

其实，《金史别本》也是日本人的伪作。

日本人这一脑洞大开的胡编乱造，极富戏剧性，吸引了大批眼球。

旅日德国医生西博尔德郑重其事地把源义经这段“死后复生”的奇闻记载于其著作《日本》中。

后来成为伊藤博文内阁的大臣末松谦澄在剑桥大学留学期间，有缘目睹了西博尔德的大作《日本》，便以之为蓝本，发表了自己的毕业论文《义经再兴记》。

日本明治时代，日本积极向海外扩张帝国疆域，垂涎于物产丰饶的满洲，别有用心的人竟然有鼻子有眼地说，在乾隆帝的御文中，曾出现“祖传朕之先祖本姓‘源’，讳‘义经’，世出‘清和’，故国号‘清’”的文字。

在这种背景下，源义经就不再单单是金朝的大将了。

惊世骇俗的结论出来了：横扫欧亚大陆的一代天骄成吉思汗就是从日本逃出的源义经！

留学美国哈佛、耶鲁大学并取得博士学位的小谷部全一郎在大正十一年（1922年）推出了他的成名代表作《成吉思汗就是源义经》一书。

书中为证明“成吉思汗是源义经”，提出的几项“有力”依据是：

一、源义经的日语读音与“成吉思”的日语读音比较相似，二者有

一定关联。

二、源义经的家族纹章“笹竜胆”与蒙古帝国的徽章很相似，二者定有渊源。

三、元世祖忽必烈后来向日本发动进攻，那是为了祖先成吉思汗（源义经）而向镰仓幕府复仇。

《成吉思汗就是源义经》一书主旨与当时日本帝国主义的扩张思潮不谋而合，因此成了日本热推的畅销书，成吉思汗说由此迅速广为人知。

公元 1958 年，高木彬光还在推理小说杂志《宝石》上连载了《成吉思汗的秘密》，后来又单独结集出版。

高木彬光所说的“成吉思汗的秘密”，是说成吉思汗这个名字用日本式汉文来读可以读成“吉成思汗”，而源义经和他的爱人静御前是在吉野山相爱成婚的。“汗”字则可以拆分为“水干”，是静御前常穿的服饰。因此，“吉成思汗”就可以解释为“吉野山成婚，怀念静御前”。

另外，高木彬光还认为源义经和成吉思汗出生年代几乎相同，而且衣川之战后约五年成吉思汗才开始活动，这不能说是偶然的一致。

不管怎样，“成吉思汗是源义经”说，和韩国人指称孔子、李白是韩国人的心态不同，其背后包含着一个可怕的阴谋，即是日本侵略者在为侵略中国寻找根据，是日本侵略中国的一种政治需要。

不过，有一个硬伤日本专家没能解释清楚：源义经的身高只有 131 厘米！而根据一位波斯使者的描述以及鄂尔多斯阿尔寨石窑的一些情景推断，成吉思汗的身高应该有 180 厘米！当年成吉思汗西征西夏王朝时，曾在鄂尔多斯阿尔寨石窑养伤，手下为他修了一个可以坐着射箭的台阶，根据这台阶的高度，人们可以计算出他的腿长，进而计算出他的身高。

源义经的 131 厘米身高并非后人故意丑化，实际上，古代日本人普遍都很矮，绝大多数将军还没有弓高，脚特别短，严重不合比例，头大脚小。简单列举一下日本战国名将的身高：被日本人称为“日本张飞”的猛将本多忠胜身高在 143 厘米左右、德川家康 156 厘米、织田信长 166

厘米、丰臣秀吉 140 厘米、石田三成 156 厘米、真田幸村 163 厘米、武田信玄 162 厘米、上杉谦信 156 厘米、伊达政宗 159.4 厘米、池田辉政 130 厘米、山县昌景 130 厘米、德川纲吉 124 厘米……

所以说，131 厘米的源义经突然变成了 180 厘米的成吉思汗的“奇怪现象”，日本专家装作没看见，不做任何解释。